いま中国で起こっている本当のこと

やっぱり中国経済大崩壊！

石平
Seki Hei

ビジネス社

まえがき

中国がきわめて深刻な経済不振に見舞われている。

一言で表すならば、バブル崩壊にともなうデフレ化だ。

中国政府は認めはしないだろうが、決して誇張ではない。

とりわけ消費、輸出、投資が振るわない。世界中がインフレ対策に躍起《やっき》になっている中、中央銀行が利下げをしているのは中国ぐらいであろう。

直接的なきっかけは、経済音痴で知られる習近平政権が強引に行ったゼロコロナ政策であった。経済の減速が急加速し、あっという間にデフレの波に呑み込まれてしまった。

そして不動産バブルを崩壊させたのは当然ながら、バカ殿習近平だった。「不動産は住むためのもので、投資のためではない」。コロナ禍という最悪のタイミングで持論を持ち出し、恒大《こうだい》集団（エバーグランデ）はじめ大手デベロッパーを潰《つぶ》すためのデッドラインを発令した。

その後の展開は知ってのとおりである。

本書において第六章で紹介したのが、現在の中国経済がいかに満身創痍《まんしんそうい》の状態にあるのかを顕著に物語る「五つの20％」である。

①若年層失業率が20％を突破したこと。
②企業の利益が前年同期比で20％下落したこと。
③地方政府の土地譲渡金収入が前年同期比で20％減少したこと。
④不動産の新着工面積が前年同期比で20％減少したこと。
⑤消費信頼感指数が前年同期比で20％以上も落ちたこと。

②から⑤は前年同期比での下落で、①は失業率なので上昇となる。それにしてもヒドい数字であるが、これで驚いてはいけない。①が実際には2倍から3倍の可能性が高いとされるからだ。

なぜなら、中国では週に1時間以上の労働であれば〝就業〟と認定され、失業者に計上されない。誤魔化《ごまか》し以外の何物でもないわけで、こんなところにも中国の〝国柄〟がかいま見られよう。

このところ中国経済が日本化していると指摘する識者が多い。30年前から日本が経験してきた不動産バブル崩壊からデフレ経済へというコースを中国がたどっているからだろう。

たしかに同じような様相なのだが、おそらくバカ殿習近平や大半の共産党幹部には、これから中国が味わうことになる資産デフレの恐怖が分かっているのかと思いたくなる。

なにせGDPの3割を不動産関連が占める国なのだ。住宅ローンの貸出残高は日本円にして約1000兆円にもなる。

端的に言うと、中国はすでに自己回復能力を失っている。

中国がいかに八方ふさがりの危機的状況にあることを、本書で確認していただきたい。

これから中国は背筋が寒くなるような、50年にも及ぶデフレ国家に沈むのである。

なお本書はユーチューブ「石平の中国週刊ニュース解説」をベースに、最新の現地情報やその後の国際情勢の変化、送信時には気付かなかった視点を加え、大幅に加筆したものである。

2023年10月

石平

第三章　秦剛外相失脚の真相

第四章　G7広島サミットをめぐる「習近平VS岸田文雄」攻防戦

第五章　小細工で対米優位を演じた習近平外交

第九章　誰でもいつでもスパイにされる中国

第十章　お笑い芸人が受けた凄まじいバッシングと懲罰

第十一章　沖縄県知事の中国接近を憂う

第十二章　習近平G20欠席の本当の理由

最終章　空中分解しかねない習近平の台湾併合

第一章 処理水問題で墓穴を掘った中国の不覚

日本には想定外だった水産物輸入の全面停止措置

知ってのとおり、本年8月24日から始まった東京電力福島第一原発処理水の海洋放出に対し、中国政府と共産党宣伝機関は異様とも思える大袈裟《おおげさ》な猛批判・猛反発を展開してきた。

まずはその2日前の22日、日本政府が処理水放出を正式に決めたことに対し、中国外務省は「きわめて身勝手で無責任だ」と猛反発した。

戦狼外交の担い手の一人として知られる中国外務省の汪文斌《おうぶんひん》副報道局長は当日の記者会

見において、「世界の海と人類の健康へのリスクを無視し、核汚染水の海洋放出を無理やり進めるのは、きわめて身勝手で無責任だ」と強い口調で批判した。

同日、中国外務省は北京に駐在する垂秀夫《たるみ》大使を呼び出して抗議。中国外務省の発表によると、このなかで孫衛東《そんえいとう》次官は処理水の放出について「自己の利益を何よりも優先するもので、きわめて身勝手で無責任だ」と述べ、日本政府の決定に抗議した。

24日、処理水放出が始まった直後に中国外務省は、早速声明を発表した。処理水の放出について「リスクを全世界に負わせ、人類の子孫に傷を残し、生態環境を破壊し、全世界の海を汚す行為だ」と最大限の激しい表現で批判を展開した。同日、中国商務省の報道官も定例の記者会見で外務省と同じような論調で日本批判を述べ、「強烈な非難と断固たる抗議」を表明した。

その一方、中国税関当局は、日本からの水産物の輸入の全面停止を発表、日本政府にとって〝想定外〟の異常な強硬措置に出た。

こうした中で、中国の国内メディアは処理水放出について一斉に「危険」「無責任」と批判、中国国民の危機感をあおり立てて不安を広げにかかった。

中国共産党機関紙、人民日報系の環球時報は22日夜、処理水の海洋放出について「国際社会はこの問題で無期限に日本の責任を追及する」と題する社説を電子版に掲載し、海洋放出を〝犯罪行為〟だと批判した。社説はさらに、「（海洋放出が始まる）2023年8月24日は海洋環境の災難日として歴史に記録されるだろう」ともあおった。

しかし周知のとおり、日本の放出する処理水は、国際原子力機関によってその安全性を確認されており、まったく無害であることは科学的に立証されている。だからこそ、米国・韓国・台湾・フィリピン・ニュージーランドなどの環太平洋国家のほとんどは理解・容認の立場をとっているのである。

その中で唯一中国だけは突出して、科学的根拠のまったくない処理水批判を異常な激しさで批判し、あまりにも大袈裟な猛反発を示してきた。

それは一体なぜか？

原因としてひとつ考えられるのは国内危機対策である。経済が崩壊し若者を中心に失業者があふれ返る中で、中国社会はいつ爆発してもおかしくない状態にあるからだ。習近平政権としては処理水問題を利用し、国民の不平不満を日本に向かわせるのは得策であろう。

もうひとつ、習近平政権の本当の狙いは、実は前述の環球時報社説が発した「国際社会はこの問題で無期限に日本の責任を追及する」との言葉に表れている。

つまり、いわば処理水問題は中国にとっては今後、無期限的長期間にわたって日本を叩くための一枚の〝政治カード〟となりうる。ここである。

実際、処理水の放出は30年間もかかることから、中国からすればこの問題ひとつを使って、日本を30年間も叩ける目論見《もくろみ》を抱いているわけである。

1980年代半ばから中国政府は数十年間にわたって、〝歴史カード〟を用いて日本叩きを行ってきた。このことで多くの〝果実〟を手に入れてきたのだ。しかしながら安倍政権以後、日本国民の意識変化によって歴史カードは徐々に効力を失い、威力はほとんど喪失してしまった。

そこで出てきた処理水問題は中国政府にとっては、まさに歴史カードに取って代わる日本叩きの格好な新カードに映るのであろう。

それを使って今後の数十年間、日本に圧力をかけたり嫌がらせをしたりするのは、習近平政権の真の狙いと既成方針であると思われる。彼らを相手に処理水の安全性をいくら説明しても馬耳東風、まったく無意味と思われる。

２００５年３月に発生した反日デモとの比較

8月24日から始まった東京電力福島第一原発処理水の海洋放出に対し、中国政府と共産党宣伝機関は一方的に、「核汚染水放出」と決めつけて、異常な批判、猛反発を展開していると先に記した。その狙いのひとつは当然ながら国内対策である。経済が崩壊し、若者を中心に失業者があふれる中、いまの中国社会はいつ破裂してもおかしくない状況下にある。

そのために習政権は、偽りの宣伝によって危機転嫁のための反日運動を国内であおり立ててきた。それでは、習政権の目的は達成しつつあるのだろうか？

9月上旬の状況からすれば、事態は習政権の思惑どおりには進まず、反日運動は一向に盛り上がらなかった。

それを説明するため、２００５年に激しく燃え上がった反日運動の全貌を回顧するとともに、今回の反日運動とを対比させてみよう。ああこんなことがあったなと、記憶を呼び起こす読者諸氏もいるだろう。

2005年3月21日、国連のアナン事務総長（当時）が日本の国連安全保障理事会常任理事国入りを示唆する発言を行った。それが中国で大きな反発を呼び、反日運動開始の契機となった。

このアナン発言の翌日の22日、尖閣諸島の中国領有を主張する民間団体「中国民間保釣連合会」はホームページで、「日本の常任理事国入りを阻止せよ！」とのスローガンを掲げ、反対運動を中国全土に呼び掛けた。

それを受けて、当日の夜から中国3大ポータルサイトである「新浪網」「捜狐」「網易（ネットイース）」が相次いで自社サイトで署名用ページを開設した。むろん、日本の常任理事国入り反対のネット署名をつのるためである。

それで26日夜になると、前述の3大ポータルサイトに集まった署名数は300万を軽く突破した。28日午後にはついに700万に達した。

その一方、同時進行的に全国の各大都市や大学において、さまざまな形の反対運動が一斉に展開された。

広州市（広東省）、鄭州市（河南省）ではそれぞれ1万人が日本の常任理事国入り反対を署名。深圳市（広東省）では車列デモ。北京市では北京大学学生が日本大使館に反対署名を提出。四川師範大学では1万人署名。貴陽市民が2万人街頭署名等々。

こうした流れの中、反対活動はますます激化していき、暴徒化、破壊行為へとエスカレートしていった。恥ずかしいことに、筆者の故郷である四川省成都市においては、暴徒化した人々による日系スーパー・イトーヨーカ堂への乱入事件が発生した。

4月3日には広東省深圳市にある日系スーパー・ジャスコに対する集団破壊行為が行われた。また4月9日、首都北京で参加者1万人以上という過去最大規模のデモが発生した。北京市内を練り歩きながら膨張するデモ隊が駐中国日本大使館前にたどり着くと、参加者たちの投石による日本大使館襲撃という事態となった。

4月16日に上海で発生した反日デモは、参加者数延べ2万人に達した。デモ隊は日本国総領事館に到着するやいなや暴徒と化し、石のほかペットボトルや野菜や果物などを総領事館に向けて投げ込んだ。同時に上海市内の中心部でも暴動が発生、日本料理店や日系コンビニなど十数軒が壊滅的な打撃を受けた。これは9日に起きた北京での反日デモを上回る最大規模の被害となった。

このようにして、3月23日から始まった国民的反日署名運動は数週間のうちに大規模なデモ活動に発展、暴動にまでエスカレートしていった。

これは中華人民共和国建国以来、最大規模の反日運動であり、あの1989年の天安門事件以来、中国国内で起きた最大の群衆運動でもあった。

以上は、2005年に中国で起きた反日運動の全容をまとめたものである。

おとなしかった中国国内からの反発

これとの比較から分かるように、習近平政権が国内であおり立てようとする反日運動はまったく違った様相を見せた。

要は、盛り上がりに欠けていたのである。

8月24日の処理水放出の開始以降、中国国内の「反日動向・反日事件」をざっとまとめてみた。
①8月24日、山東省青島市の日本人学校内に投石。北京市日本大使館にレンガ片が投げ込まれた。
②8月25日、江蘇省蘇州市の日本人学校に卵が投げ込まれた。

③ネットにおいて化粧品など日本製品に対する不買運動の呼びかけがなされた。
④中国国内から東京電力、外務省などの役所、民間の飲食店、旅館などへの嫌がらせ電話が殺到した。数日間で東電に約6000件、外務省に500件、千代田区役所に約1000件、そのほか警察に寄せられた自治体および企業などからの被害相談は二百数十件等々。

当然ながら、それらは許されざる卑劣行為であることに違いはない。ただ規模的に見るならば、2005年時に比較するとそれほど大きくはない。

中国各地の日本人学校や大使館への投石や卵投げが散発的な個別行動であったのは明らかだった。また、日本国内への嫌がらせ電話の全体件数についても、数千万人いるはずの中国国内の「愛国青年」の総数からすると、かなりおとなしめの数字だった。

そして注目すべきは、それ以降大規模な抗議デモ・抗議活動が起きた痕跡《こんせき》がないことである。日系スーパーや飲食店に対する集団的な襲撃事件も発生しなかった。また、日本製品に対するボイコットもいまひとつ広がらなかった。

つまり、先に述べた2005年の反日運動のときとはずいぶん、様相が異なっているわけである。

検索エンジンの番外へと消え去った汚染水関連ニュース

中国政府と宣伝機関が総出であれほどあおり立てたにもかかわらず、反日運動が一向に盛り上がらない原因はどこにあったのだろうか？

そのひとつに考えられるのは、日本の処理水を〝汚染水〟だと決めつけて批判する中国政府の言い分には無理がありすぎ〝矛盾〟だらけであることだろう。若者を含めた中国国民の多くはそれに薄々気が付いて、政府の扇動には簡単に乗らなかった。

筆者が日本側の言い分として論理的でもっともまっとうだと思ったのは、元プレジデント編集長で作家の小倉健一氏のコメントであった。

「放出するトリチウムの量だけを見れば、より危ないのはむしろ中国の原発のほうだ。改めて言うまでもないが、日本が海洋に放出した処理水は汚染水をＡＬＰＳ処理し、さらに海水で１００倍以上に希釈したものだ。規制基準（6万ベクレル／Ｌ以下）を満たし、ＷＨ

0の飲料水基準（1万ベクレル／L）を満たす、1500ベクレル／未満にまで濃度が下がったものである。規制基準の40分の1、飲料水基準の7分の1ということになる。
他方、中国の原発では、1年間に液体で、紅沿河原発は87兆ベクレル、寧徳原発は98兆ベクレル、陽江原発は107兆ベクレル、泰山第三原発は124兆ベクレルのトリチウムをそれぞれ海洋や河川等に放出している（出典：『（参考）世界の主要な原発におけるトリチウムの年間処分量』）
日本の福島では、「ALPS処理水」を海洋放出するにあたり、放出するトリチウムの年間の総量は、事故前の福島第一原発の放出管理値（年間22兆ベクレル）を下回るように設定されている。数字だけ見れば、むしろ危ないのは中国である」（MINKABU9月11日より抜粋）

対する中国政府の言い分が、「日本の汚染水は日本の海だけではなく、太平洋全体を汚染してしまう」に代表されるように、科学性に著しく欠けるはなはだ怪しげなものであった。したがって中国のネット上からは、さまざまな疑問が呈されていた。

「日本の汚染水放出で、まず最初に汚染されるのは日本の海のはずだ。日本はどうしてこのような自殺行為をするのか？」
「太平洋全体がやがて汚染されるのであれば、太平洋を囲む米国やカナダ、フィリピンやインドネシア、オーストラリア、ニュージーランドなどの関係国が何ひとつ反対の声をあげないのはなぜなのか？」

こうした矛盾を感じざるを得なかった多くの中国国民は徐々に、中国政府による無理筋の扇動に〝興醒《きょうざ》め〟していったのだと筆者は捉えている。

9月1日、中国国内の大衆的な検索エンジンである「百度《バイドゥ》」や中国版ツイッターと言われる「微博《ウェイボ》」の検索ランキング上位から日本汚染水関連ニュースが完全に消滅してしまった。このことが最大の証左《しょうさ》ではないだろうか。

そして反日運動が盛り上がらないもうひとつの要因として考えられるのが、若者たちを中心に一般国民が直面する未曽有の〝就職難〟である。

いや、こちらのほうが真の要因なのだろうと筆者は考えている。

いまや、反日運動などに関わっている場合ではない。中国国民にとって自分たちが抱える現実問題はあまりにも切実だ。そしてこの問題は、そもそも日本とは何の関係もない、中国自身の問題であることを、中国国民の大半が〝自覚〟しているからである。

政府の薄っぺらな反日扇動に乗せられ、無意味な反日行動を取るようなことはしない。反日デモをいくら熱心に行ったとしても、われわれは職と未来を手に入れることはないではないか。これが彼らの正直な本音であろう。

このように習近平政権が行ってきた虚偽の「汚染水宣伝」と「反日扇動」は、大半の国民の醒めた反応により、効果を上げることなく失敗に終わってしまった。

なぜ今回の反日運動が尻つぼみとなったのか。中国のバカ殿はいまだにピンときていないはずだ。

COLUMN

ようやく見えてきた習政権のナンバー2

政権のキーマンとなった蔡奇

本年6月28日、中国共産党の「全国組織工作会議」が北京で開かれた。同会議においては、習近平国家主席の「重要指示」が伝達され、続いて党政治局常務委員の蔡奇《さいき》による講話が行われた。

前回の組織工作会議が開かれたのは2018年7月であった。前回は習総書記自らが講話を行ったが、今回は側近の蔡奇が中心となり、会議を取り仕切った。

このことは、党内序列第5位の彼が党内における習近平〝代理人〟の立場を確保できたことを示しているのではないかと思われる。

蔡奇は1955年12月生まれの現在67歳。習主席が福建省と浙江省でトップを務めた時代の、いわば古参の部下である。

2012年秋に習近平が共産党トップとなった後、彼は北京に呼ばれた。新設の中央国家安全委員会弁公室副主任に就任。そして2017年から2022年11月まで北京市トップ（党書記）を務め、習近平側近として首都の掌握に尽力した。

2022年10月開催の党大会で、李克強ら共青団派幹部が最高指導部から一掃された。このときに蔡奇は党内序列第5位の政治局常務委員に抜擢されて、党の最高指導部入りを果たした。同時に党中央書記処の筆頭書記となり、党の事実上の幹事長役を務めることになった。

しばらくして彼は、さらに党中央弁公庁主任（日本で言えば習近平に仕える官房長官役）

に就任した。共産党政権の歴史上、中央書記処の筆頭書記が党中央弁公庁主任を兼任するのはまったく異例なことである。

加えて、政治局常務委員が中央弁公庁主任を兼任するのは、さらに異例なことでまさに前代未聞の人事といえた。

こうした一連の人事を見ると、総書記の習近平にとり、蔡奇はいなくてはならない存在ではないか。習総書記の下では彼は事実上、人事など含めた党務を牛耳《ぎゅうじ》る立場となっていると思われる。

さらに、それより約1ヵ月さかのぼった5月30日、習近平国家主席は第二十期中央国家安全委員会第一回会議を主宰した。同会議には、蔡奇が国家安全委員会副主席として出席したことから、彼がこの地位に就いていることが判明した。

前回の第十九期中央国家安全委員会までは副主席ポストが二つあって、全人代委員長と国務院総理（首相）がそれぞれ副主席を務めるのが慣例であった。

ところが、今回には副主席ポストが増設され、蔡奇は慣例を破って3番目の副主席に収まった。まさに彼のためのポスト増設としか受け止めるしかない。

習近平主席はどうしても、自分の最側近をこの重要ポストに就かせたかった。その思惑は容易に想像できる。

同じ副主席の全人代委員長と国務院総理は普段、国家安全委員会の仕事にタッチすることはまずないからだ。

ということは、これから蔡奇は、習主席の下で権限絶大の国家安全委員会の実際の運営を司ることとなろう。

こうなると党務のみならず、軍・公安にも手を伸ばすことができるから、習近平政権の中で断トツの権臣、政権の事実上のナンバー2にのし上がってきたのは明白である。

今後、中国政治を観察するにあたり、蔡奇こそはキーマンとして注目すべきであり、習政権内における権力闘争の中心人物にもなりうる。

事実上のナンバー2となった蔡奇

第二章 安全保障で後手を踏む中国の実状

日台にとり大朗報となった中国ロケット軍の機能停止

史上最速で更迭された前司令官

本章では、日本メディアがほとんど伝えてこなかった、このところの中国人民解放軍の大きな変化、それも重大な人事について取り上げてみたい。

これは解放軍の恥にもなる事柄なので、中国共産党関係者にとっては忸怩《じくじ》たる思いに駆られるかもしれない。

7月31日、中国中央電視台は人民解放軍のロケット軍の司令官と政治委員のトップ2の交代人事を伝えた。トップ2の同時交代はきわめて異例だ。

ロケット軍司令官には前海軍副司令官の王厚斌《おうこうひん》、政治工作担当の政治委員には南部戦区の副司令官だった徐西盛《じょせいせい》がそれぞれ就任した。新任の2名は同時に、習近平主席により上将（大将）の階級を授与された。

ロケット軍は中国軍の中で、陸軍・海軍・空軍と並ぶ第四の軍隊の位置付けだ。核兵器や短距離ミサイル、弾道ミサイルの管轄・運用を担当する。以前は「第二砲兵部隊」という名称で、特殊部隊としての位置付けであったが、2015年、習近平政権の下でロケット軍に昇格した。習政権がやる気満々の「台湾併合戦争」においては、ロケット軍は言うまでもなく大変重要な役割を担うことを期待されている。

しかし、この虎の子のロケット軍における前述のトップ交代は、実に唐突で異例なものであった。更迭《こうてつ》された李玉超《りぎょくちょう》が司令官に就任したのは2022年1月。就任してわずか1年7ヵ月で首を切られたのだ。

李玉超の前任の周亜寧《しゅうあねい》が司令官を務めた期間は4年4ヵ月（2017年8月〜2022年1月）。周亜寧の前任の魏鳳和《ぎほうわ》は第二砲兵部隊時代の2012年から司令官となり、ロケット軍に昇格後も引き続き司令官を務め、任期は5年近くにわたった。

こうして比べてみれば、就任してからわずか1年7ヵ月の更迭は、改めて異例な人事であることが分かる。

更迭の原因に関しては、いわゆる〝汚職説〟が濃厚である。香港英字紙サウスチャイナ・モーニングポストは7月下旬に消息筋の話として、李玉超と副司令官ら3人が汚職摘発機関の調査を受けていると報じた。香港紙・星島日報も軍関係者の話として、ロケット軍の元副司令官の呉国華《ごこくか》氏が7月上旬に自殺したと伝えていた。

また、海外の中国語のSNS上では、李玉超を含めたロケット軍前トップらには汚職だけでなく、米国にロケット軍の機密情報を漏えいした疑いもあるという。実際、米国空軍大学（Air University）の「中国航空宇宙研究所」（China Aerospace Studies Institute）は2022年10月、255ページに上る報告書を公式サイトで掲載したが、同報告書には中国ロケット軍の武器や人員配置などに関する詳しい情報が大量に記載されていた。

それらはどう考えても、ロケット軍内部の人間しか知り得ない情報で、内部からの情報漏えいがうかがえるものであった。

7月26日、習近平主席は解放軍西部戦区を視察した際、軍に対する党の絶対的指導権の強化と軍における腐敗防止の重要性をことさらに強調し、軍に対する締め付け強化を示唆した。その直後、習主席自らロケット軍のトップ交代人事を断行した。交代劇の背後にはやはり、腐敗や情報漏えいなどの不祥事があったのであろう。

ロケット軍に素人同然の二人を送り込んだ理由

しかし、今回の交代劇でもっとも注目すべきなのは、交代に際して習主席があてた新しい司令官・政治委員人事である。

前述のとおり、習主席がロケット軍の新たな司令官に任命したのは前海軍副司令官の王厚斌、新しい政治委員に任命したのは南部戦区の前副司令官徐西盛である。問題は、両氏ともロケット軍への配属歴はまったくなく、専門性・技術性の高いロケット軍の運用に素人同然である点だ。

特に司令官の王厚斌の場合、ロケット軍司令官となった以上は今後、作戦全体の指揮をとる立場である。とはいえ、海軍一筋で畑違いの彼がロケット軍の作戦指揮を的確に取れるとはとても思えない。

これまでのロケット司令官人事を調べてみると、魏鳳和、周亜寧、李玉超の過去三代の司令官は全員、解放軍入隊の時点から第二砲兵部隊に入り、数十年間の経験と実績を積んだ末、叩き上げの司令官になった。今回、海軍出身の畑違いの司令官がロケット軍を率いることになったのは、まさに前代未聞の異常事態である。

それでも習主席があえてこのような唐突な人事を断行した理由はどこにあるのか？ひとつ考えられるのは、習主席がいまのロケット軍上層部全体に対して強い不信感を抱いていることであろう。ロケット軍の将校集団をまったく信用していないからこそ、現役の副司令官など生え抜きのロケット軍上層部から司令官・政治委員を起用しないのだと思われる。

もうひとつの可能性として考えられるのは、習主席が新たな司令官、政治委員に託した任務はロケット軍の運用ではなく、むしろロケット軍に対する大粛清運動の展開ではないかということである。

粛清が仕事だからこそ、新たな司令官と政治委員はロケット軍の運用に対する知識や経験を持つ必要はないし、ロケット軍との癒着《ゆちゃく》がない別軍の人間こそがこの任務の担当にふさわしいからだ。

戦えない軍隊になり果てた中国ロケット軍の現状

仮にこのようなことであれば、今後の一定の期間において粛清《しゅくせい》運動の展開に伴い、ロケット軍内部においてさまざまな混乱が生じ、機能不全に陥っていく可能性は大であろう。軍の通常の運営に大きな支障を来たすことはもとより、戦時体制へ向かっての諸般の準備は円滑にいかないだろうし、有事の際の遂行能力は大幅に落ちていくと思われる。

たとえ大粛清ではないにせよ、最高統帥者の習主席がロケット軍に対する不信感が強く、〝門外漢〟の司令官が軍を率いる状況下では、ロケット軍は軍隊としてまともに戦えるとは思えない。

ロケット軍の生え抜きの幹部たちが門外漢司令官に対して〝面従腹背《めんじゅうふくはい》〟の姿勢をとるのは必至であるからだ。いわば一心同体の連携関係は最初から成り立たない。このような軍は、一体どうやって戦うのだろうか。

そして、ここに浮かび上がってくる非常に重要なポイントは、対台湾軍事侵攻に絶対不可欠なロケット軍がこういう状態に陥っている間、習政権の企む台湾侵攻、そして制圧、併合は事実上不可能となっていることだ。

このような異常状態がどれほど続くかは分からないが、少なくともいまから1年もしくは2年内の習政権による台湾侵攻戦争の発動はかなり難しいと思われる。

問題は、台湾併合を成し遂げることを政権3期目の至上命題として掲げている習主席は一体どうして、虎の子のロケット軍を〝戦えない軍〟にしてしまう愚挙に出たのかだ。

我々が想起すべきなのは、先に取り上げた、米国空軍大学の研究所が中国ロケット軍の武器や人員の配置などに関する詳しい情報を大量に記載している報告書を公開したことである。

そこで浮上してきたひとつの可能性は、米国政府と米軍が中国ロケット軍の機密情報を大量に把握していることを故意に明らかにして、習近平主席がロケット軍に対し強い不信感を持つよう〝誘導〟したのではないか、である。

仮にそれが事実ならば、習主席を疑心暗鬼《ぎしんあんき》に陥れた上で、その手を借りて中国のロケット軍潰しを謀《はか》ったことになる。これはまさに米軍が展開した高度な離間《りかん》術になる。

当然ながら、これは何の確証も持たない筆者自身の推測であるが、可能性はまったくないわけではない。現に、習主席が行った前述のような不可解なトップ交代人事によって、中国のロケット軍は当分の間、戦えない軍隊となっているわけだから。

いずれにしても、このような事態は言うまでもなく、台湾と台湾海峡の平和と、日本の平和にとっての〃大朗報〃である。日米同盟と西側陣営、そして台湾はこの時期を利用して抑止力の増大に努めるのがいいと思う。

NATOの主敵に据えられた中国の狂乱的反応

中国系メディアの異常なまでの批判と恫喝

リトアニアで開かれた北大西洋条約機構（NATO）首脳会議は本年7月11日、初日の討議を踏まえて共同声明を採択した。それを受け、中国政府および中国メディアは一斉に、共同声明に対する激しい反発と批判を展開し始めた。

7月12日、中国外務省の汪文斌副報道局長は定例記者会見でNATO共同声明について、「冷戦思考やイデオロギー的偏見に満ちており、断固反対する」と表明、続けて「NAT

Oがアジア太平洋地域に東方進出すれば、新冷戦のような対立を引き起こすだけだ」と反発を示した。

さらに汪副報道局長は、「NATOは国際秩序を守ると言いながら、国際法を無視し、他国の内政に干渉して、危機をあおっている」と激しいNATO批判を展開した。また、「中国に対し、事実をねじ曲げて中傷するような行為をただちに停止するよう求める」とも警告した。

同日、中国の駐EU代表団も批判に満ちたコメントを発表した。

「NATO共同声明は偏見に満ち、中国に対する誹謗《ひぼう》中傷の限りを尽くしたものである。我々は断固として反対・拒否する。NATOとはそもそも冷戦の産物であり、悪事を数多く働いた歴史がある。共同声明はNATO自身の虚偽性と覇権的野心を暴露している」

人民日報系の環球時報も、この一件について社説を掲載した。

「NATOは一貫して国際社会において、分裂と憎しみをあおり、地域と世界の安定と平和を乱す怪物である」と罵倒した上、「もしNATOが我々を挑発し続けるなら、それは悲惨な結果をもたらすこととなろう。ウクライナ戦争は前段階であり、今後はそれよりも恐ろしいことが起きてこよう」と戦争の発動まで示唆してNATOを恫喝《どうかつ》した。

環境時報だけなく中国各紙は、いっせいにNATO批判の論評や記事を掲載した。普段は経済報道を本業とする中国経済日報までもが、次のようなNATO批判を展開したのは注目すべきだろう。以下がその内容である。

「NATOはいままで国際法に違反して、主権国家に戦争を発動したり、平民を虐殺したりして、悪行の限りを尽くした。このような悪党集団がアジア太平洋地域に黒い手を伸ばしてくることは絶対許さない」

このようにしてNATO共同声明採択の翌日から、中国政府と官制メディアは一斉に大掛かりな批判キャンペーンを展開したのだった。それらは激しい罵倒・中傷誹謗・恫喝の限りを尽くしたもので、まさに狂乱状態に陥っている様子であった。

2年前に安全保障上の課題と位置付けられた中国の脅威

一体どうして、彼らはこれほど異様な激しい反応を示したのだろうか？

NATO共同声明の内容を点検してみると、確かに中国の扱いを大きなテーマのひとつにしていた。

その中で共同声明は「中国の野心と威圧的政策は、NATOの利益や安全、価値観への挑戦だ」と明記した上で、覇権主義的行動を続ける中国に強い懸念を表明する一方、日本を含むアジア太平洋地域のパートナーとの連携強化を打ち出した。

声明はさらに、中国が幅広い政治的、経済的、軍事的手段を用いて、世界で着実に影響力を拡大させていると指摘。加えて、重要技術や鉱物資源を支配しようとしているとも警告した。ダメ押しとして、中国は核兵器を急速に増強させているとして、核政策の透明性向上を強く求めたのであった。


以上は、今年7月に開催されたNATO首脳会議共同声明の主な内容であるが、実は、毎年開催のNATO首脳会議の共同声明が初めて中国に言及したのは2021年6月のことだった。

そのときブリュッセルの本部で開かれたNATO首脳会議が採択した共同声明は、ロシアと並んで中国を安全保障上の課題と位置付け、「中国の野心と強引な振る舞いは国際秩序への体制上の挑戦」と明記した。

ＮＡＴＯの歴史上、首脳会議共同声明が中国に言及し、ＮＡＴＯ秩序への挑戦と位置付けたのはこれが初めてのことである。まさに画期的な出来事であったのだ。

そして２０２２年６月にスペインで開催したＮＡＴＯ首脳会議は、ウクライナ戦争勃発後初めてのものだったことから、ロシアの暴挙が中心的議題となった。そこで採択されたＮＡＴＯの新たな戦略概念では、ロシアを「もっとも重要で直接の脅威」と位置付けた。中国に関しては、２０２１年共同声明の「体制上の挑戦」との表現を踏襲することに留められた。

しかし、２０２３年のＮＡＴＯ首脳会議共同声明は、前述のように中国問題についてはー歩進んで、「ＮＡＴＯの利益や安全、価値観への挑戦だ」と明記した。

つまり、２０２１年声明が「国際秩序への挑戦」と、より抽象的一般的な表現で中国の脅威に言及したのに対し、今回の声明は明確に「ＮＡＴＯ」を主語において、中国の脅威は国際秩序一般への脅威のみならず、まさにＮＡＴＯそのものへの脅威であると明言したわけである。

しかもその際、中国の脅威とは単なる安全保障上の脅威ではなく、「利益、安全、価値観への挑戦」であるとの認識を示し、ほぼ全面的に中国のことを〝敵〟だと認定するに至ったのである。

東西両面からはさみ撃ちされる中国の劣勢

周知のとおり、NATOという軍事同盟は本来、旧ソ連の脅威から西ヨーロッパを守ることを使命とするものであった。

だが、今回の共同声明の発表をもって、NATOは大きく変貌《へんぼう》を遂げた。〝主敵〟をロシアから中国へと切り替え、矛先《ほこさき》をインド太平洋地域の中国へ向けるようになったからだ。

昨年に続き、今年のNATO首脳会議に日本首相・韓国大統領・豪州首相が招待された。このことでより鮮明となったのは、中国という新しい脅威に対峙《たいじ》するNATOの戦略であった。それは日米同盟・クワッドとの連携を強め、台湾海峡・南シナ海を含むインド・太平洋地域での中国の覇権主義的拡張・侵略戦略を封じ込めることにほかならない。

しかし中国からすれば、それは由々《ゆゆ》しき事態そのものだ。

東のインド太平洋には日米同盟とクワッド（日米豪印）があり、日本と韓国も中国に対する大局観から関係改善に邁進している。

その一方で、西ヨーロッパからＮＡＴＯという巨大な軍事同盟が矛先を向けてきたのだ。それはまさに、東西両面から中国をはさみ撃ちするような包囲網の完成を意味し、中国が展開する覇権主義戦略が四面楚歌《しめんそか》の窮地に陥るかのように映るではないか。

だからこそ、中国は前述のＮＡＴＯ共同声明に対し、近年に見たことのないほど激しい反応を示した。しかし、彼らの罵倒と恫喝にＮＡＴＯが動じるはずもなく、それは単なる負け犬の遠吠えにすぎない。

東西両面からの中国包囲網の完成は時代の趨勢《すうせい》であって、今後の国際政治の基本構図のひとつとなるのではないか。

国家連合である上海協力機構で対抗？

COLUMN

1年以内に香港脱出を図る欧州企業の半数

空室率が25％を突破した！

6月5日、米メディアのブルームバーグは香港のオフィス事情に関する取材記事を掲載した。これには香港メディアを含めた多くの中国語メディアが注目し、広く転載されることとなった。

同記事によると、現在、香港全体においてオフィスビルの空室率の上昇が目立っているという。例えば、香港島中心部の中環（セントラル）地区の「長江集団中心写字楼（センターオフィスビル）」の空室率が25％に達し、建設中の香港財閥系のオフィスビルThe Hendersonの入居予約率が30％程度にまで下落しているという。

同記事が引用した「高力国際集団公司」の披露した数字では、2023年4月現在、香港のA級オフィスビルの空室率は15％に上り、2019年の3倍に達している。本年4月、東京都心部のオフィスビルの空室率が6・11％だったことから、香港の空室率の深刻さが分かる。

香港のA級オフィスビルの空室率が2019年以来3倍に跳《は》ね上がったことに、まず注目すべきであろう。2019年は、香港で大規模な民主化デモが発生した年であって、抗議運動は結果的に中国政府によって鎮圧された。それ以来の空室率急上昇は、まさに習近平政権の香港デモ鎮圧と一国二制度の〝破壊〟が引き金となった。外資の香港離れは現実に起きてきているわけである。

日本経済新聞によると、2020年12月あたりから米英企業の香港からの撤退が始まったとされる。加えて、同紙は在香港欧州商工会議所によると、「香港で活動する欧州企業の約半数が1年以内に事業を香港外に移転（脱出）させる計画」だとの調査結果を報じている。

ということは、香港オフィスビル空室率の急上昇の一因は、欧州企業の香港からの移転（撤退）の結果であるとみていい。

さらに香港からの人口流失もこの3年間で増加し続けている。2022年末の香港の人口は733万3200

高層ビルが立ち並ぶ香港

人、1年前と比べて6万8300人（0・9%）減少した（香港政府）。人口減少は3年連続だ。

海外へ流出する香港人は明確な特徴を備えている。その大半が知的レベルが高く、高い技能・技術を持つ。あるいは一定の財産を持つ人たちである。3年連続で毎年6万人ほどの香港人（富裕層・エリート層）が海外へ脱出していることは、香港にとって由々しき大問題といえる。

先に触れたように、これが2019年の香港民主化デモに対する習近平政権の鎮圧と一国二制度が徹底的に破壊された結果なのである。

いま世界は国際金融・貿易センターであった香港から「資本」と「人材」の両方が徐々に剝《は》がれていく現実を目の当たりにしている。

香港が〝死〟へと確実に向かっていることは明々白々である。香港を殺したのは中国の習近平政権である。

第三章 秦剛外相失脚の真相

外務省定例記者会見で一気に高まった失踪説

中国では名を知られた人物がある日突然消息を絶つことがままあるのだが、秦剛《しんごう》外相がそれに倣《なら》った。

中国の外交トップである秦剛外相は、本年6月26日以来7月21日に至るまで公の場に一切姿を見せることがなかった。加えて、彼の動静についても中国メディアはまったく伝えることはなかったので、中国最大の検索エンジン「百度《バイドゥ》」では大騒ぎとなった。中国で彼のような高官についてのスキャンダルが検閲《けんえつ》なしに自由にやり取りされるのは、筆者には解《げ》せない現象であった。

国際社会に大きな影響力を持つ中国の外相が理由のはっきりせぬまま約4週間も〝失踪〟していたことは前代未聞の珍事件でもあった。

秦剛外相が最後にメディアの前に現れたのは6月25日、北京においてベトナム外相ら数ヵ国の賓客《ひんきゃく》との会談時であった。それ以来、パッタリと彼は姿をくらませた。

7月4日、EU（欧州連合）の報道官は、ボレル外交安全保障上級代表（外相）の中国訪問が中国側の申し入れにより中止になったと発表した。しかもボレル上級代表の北京到着予定は翌日の7月5日だった。

中国側から中止申し入れが入ったのは、何とその2日前の7月3日で、一切の理由を説明しなかったのだから、まあこの事案自体が外交事件ともいえた。

どういうことなのか。EUの上級代表が訪中すると、その〝カウンターパート〟は中国の秦剛外相に相当する。だから中国側から中止申し入れの原因は当然、秦剛外相にあったということになる。要はその時点において、秦剛外相の身に何かが生じていたと推測できるのだ。

7月11日、中国外務省はこう発表した。

「14日から開催予定の『ASEAN（南アジア諸国連合）』地域フォーラム外相会議に、秦剛外相は健康上の理由で出席できない。その代役として、王毅《おうき》政治局員（前外相）が出席する」

このときになって中国外務省は初めて秦剛外相の健康問題に言及したことになる。

ところが、そうではなかったのである。7月14日、中国外務省の定例記者会見で「外相の不在理由について問い質《ただ》された汪文斌報道官はきわめて神妙な面持ちで、何と16秒間も沈黙した後、「状況は以前に説明した」と誤魔化し、別の質問を促したのだった。

もし秦剛外相の不在が11日の外務省の説明どおり、単なる健康上の理由なら、汪報道官は長い沈黙を続けることも、答えに窮《きゅう》することもない。誰の目にもそう映ってしまった。

この定例記者会見を境に、外相の失踪の原因は健康上の理由ではないとの観測が一気に広まった。

意味深長だった外務省報道官の受け答え

折しも海外における中国語SNSの一部で、秦剛外相が香港のフェニックステレビの美人キャスターと不倫関係にあったこと。それが発覚し、秦剛外相は中国共産党規律委員会から取り調べを受けているとの情報が飛び交い始めた。

やがて香港と台湾の新聞も一斉にそのことを報じた。外相失踪の原因は不倫スキャンダルであるとの憶測が一気に拡散した。

いわゆる「秦剛問題」「秦剛スキャンダル」は、さらにエスカレートしていった。7月17日、定例記者会見で中国外務省の毛寧《もうねい》報道官によるコメントが国際社会の疑念を一層深めることになったのだ。

外国人記者から発せられた「外相はいつ復帰できるのか?」との質問に対し、毛報道官は「提供できる報道はない」とにべもなく言い放ったのだが、外務省に勤める彼女がそんな対応をするのがそもそもおかしい。

続けて「外相が香港フェニックステレビの女性記者と不倫し、取り調べを受けているとの情報があるが、真偽のほどは?」との問いには、「状況を把握していない」とやんわりと返してきた。さらに「秦剛氏はまだ外交部長（外相）の立場にあるのか?」と聞かれても、毛報道官は「外交部サイトで確認してください」と言うのみであった。

たまりかねた外国人記者が「外相が不在では外交に支障が出るのではないか?」との質

問をぶつけたところ、彼女はあっけらかんと言い放った。

「中国の外交活動はすべて正常に行われている」

以上、17日の定例記者会見において、「秦剛問題」について毛報道官は四つの質問に対して回答したわけである。この中で注目すべきは次の3点であった。
① 秦剛外相の不倫疑惑について、毛報道官は「状況は把握していない」と返した。これは、当該疑惑について全否定していないということである。外務省報道官が上司にあたる外務省トップの疑惑について否定しないのは、きわめておかしな話なのだ。それを認めたとも捉えることができるし、少なくとも、そのときの毛報道官には自省の所管大臣の名誉を守る姿勢がまったく見られなかった。
② 秦剛氏はまだ外交部長（外相）の立場にあるのか？ とする質問に対して、毛報道官が正面から「イエス」と答えなかったことが気になる。彼女は「外交部サイトで確認してください」と言ったので、筆者はすぐに確認してみた。
すると、秦剛氏は依然として外相として紹介されており、名目上は外相の任にあったのである。しかしながら、このような簡単な事実に対して、外務省報道官が自分の口から「そうです」と答えない、あるいは答えたくないのは一体、何を意味するのだろうか？

ここで筆者はある場面での、毛寧報道官の表情を思い出した。それは「秦剛外相が香港フェニックステレビの女性記者と不倫し、取り調べを受けているとの情報があるが、真偽のほどは?」と外国人記者に問われたときのものであった。

先刻、筆者は彼女は「状況を把握していない」と言ったと記したが、ふだんは能面のような表情が微笑をたたえていたのであった。ここは実に奇妙な場面であり、微妙なものを見たと感じた瞬間でもあった。

③「秦剛外相が不在では外交に支障が出るのではないか?」との質問に毛報道官が「中国の外交活動はすべて正常に行われている」と言い返したシーン。これは条件反射的な、まさしく〝即答〟だったのだ。ここも実に興味深い。意味深長でもある。

なぜなら、このような答え方は、まるで外相がいなくても、それは中国の外交活動に何の影響もないと示唆《しさ》したようなものであったからである。筆者には「秦剛は不要」にも聞こえてきた。自分が所属する組織のトップをないがしろにするようなトーンとでも言えば、ご理解いただけるだろうか。

以上、筆者なりの受け止めを申し上げると、「秦剛問題」「秦剛スキャンダル」に対する毛寧報道官の一連の回答、態度は明確な方向性を示していたと言わざるを得ない。

すでに彼女と中国外務省は、秦剛という名目上の外務大臣に見切りをつけ、突き放しているように見受けられた。

7月19日、その毛寧報道官が「24日から中国外交統括トップである王毅政治局員が南アフリカ、トルコなどを歴訪する」と発表した。

問題は、本来ならその歴訪を行うべき立場であった秦剛に関する言及が皆無であったことである。7月11日に別の報道官は秦剛が健康上の理由からASEAN地域フォーラム外相会議を欠席し、替わって王毅政治局員が出席する旨を言及した。

だが、この日はそうした断わりは一切なかった。あたかも秦剛外相など存在していなかったような語り口であった。

現役外相の不倫相手は大物美人キャスター

ここまで論じてきて読者諸氏が気懸かりなのは、失踪した秦剛外相の不倫相手とされる香港フェニックステレビの美人キャスターについてかもしれない。

彼女の名前は傅暁田《ふぎょうでん》さん。秦剛が2021~22年に駐米大使を務めた際に、愛人関係になったと報じられている。2022年11月には彼女は秦剛の子供を米国で出産したと報じられた。

この傅暁田さんとは何者なのか？　1983年生まれ。北京大学卒業後、英国ケンブリッジ大学チャーチル学院に留学。その後2009年に香港のフェニックステレビに入社、英国駐在記者となった。

英国駐在時代に同国の政財界関係者に深く食い込み、中英の架け橋的な存在という評価もされていた。彼女の大物ぶりは、実はケンブリッジ大学のキャンパスに彼女の名前を冠した「暁田花園」という公園が設けられていることからもうかがえる。

その後、香港に戻った彼女は2013年からフェニックステレビの人気政治対談番組「風雲対話」の看板キャスターとして活躍した。2015年には同番組のプロデューサーを兼任、安倍晋三元首相やキッシンジャー元米国務長官、ゴードン・ブラウン元英国首相など世界の大物政治家と対談したこともあった。

2022年3月、傅さんは当時駐米大使だった秦剛をゲストに迎えて同番組の対談を行った。ところが、間もなく彼女はキャスターを降板し、秦剛が大使として駐在する米国に移住した。そして、２０２２年11月25日に米国で未婚のまま男児を出産したと、自らのブログに綴《つづ》っている。

彼女と秦剛の出会いのタイミング、米国に移住して子供の出生地を香港でなく米国に選んだことから勘案すると、彼女の子供の父親が秦剛であることはネット上では確実視されていた。加えて、彼女がブログ（微博）に載せた赤ちゃんの顔が秦剛によく似ていることも、その根拠となっている。

おまけにこんな話もある。本年3月18日夜、傅さんはブログに息子の写真を掲載し、「パパ、誕生日おめでとう」と投稿した。ところが、その翌日、削除されていた。時差があるから、彼女がそれを投稿した米国時間の3月18日は北京時間の3月19日である。それはまさに北京にいた秦剛の誕生日であったのである。

さらにこんな事実も分かっている。傅さんはブログの中で息子のことをEr-Kinという名前で呼んでいるの

才色兼備の美人キャスターだった

だが、実はＫ・ｉｎとは中国語の「秦（Ｑ・ｉｎ）」の英語の発音なのである。

以上のような状況証拠から、既婚者の秦剛は傅暁田さんと不倫関係にあり、私生児を生ませたことは事実と思われる。けれども、この不倫問題が果たして秦剛の失踪事件の真の理由であるかどうか。この後はそこに焦点を絞って、謎を解き明かしていこうと思う。

習近平の下で激化した新旧外相の権力闘争

順序が逆になってしまい恐縮だが、ここで改めて秦剛外相について紹介してみよう。

今年で57歳の秦剛は、習近平政権2期目に駐米大使に大抜擢された。さらに昨年10月の党大会において、駐米大使の身分のまま党中央委員会委員に、異例の出世を果たした。

そして周知のとおり、昨年末には外相に任命された。なおかつ本年3月の全人代において国務委員にも昇進した。

習近平国家主席の信頼がことのほか厚く、同政権3期目の習近平外交の〝キーマン〟と中国共産党内からみなされていた。

このような人物が単なる下半身スキャンダルで、習主席に見捨てられることは考えにくい。また、この一件で中国外務省から放逐され、〝不要〟扱いされることも、これまでの中国共産党の歴史を振り返ると考えられない。4週間にわたる彼の失踪にはもっと深い原因があるのだと捉えるべきであろう。

では、それは何なのか？　もっとも濃厚なのは、外交路線の対立とも絡んだ中国外交部門内部の熾烈《しれつ》なる〝権力闘争〟であろう。

かねてより権力闘争の構図とは「王毅（前外相）VS秦剛（現外相）」にほかならない。

これが今回、秦剛は習近平主席の信頼を失いかけ、失脚するかもしれない岐路に立たされているのではないか。

秦剛の前任外相であった王毅は2013年3月から2022年末まで約10年間外相を務めて、同省内でかなり大きな勢力を培ってきた。ところが昨年末、外相の任期中に自分より13歳も若い一匹狼的存在の秦剛により、その座を奪われてしまった。外相としての任期満了前の出来事だったことから、王毅は怒り心頭に発したに違いない。

この二人には以前から不仲のウワサが立っていた。そもそも二人の対立を深めたのは習近平がつくり上げた、いわゆる「外交の二重指揮系統」であった。外交の責任者であるはずの秦剛外相の上に、政治局員・外交トップの王毅を置いてしまったため、二人の間に主導権争い、手柄競争が勃発したのは当然の流れといえた。

二人の権力闘争を増幅させたのは、外交路線における対立であった。あとで詳しく説明するつもりだが、王毅は対欧米強硬派であり、親露派の色彩が強い。実際、ロシアとの関係に関して「無禁区・無制限」という言葉を発して、異常な親露ぶりを見せていた。その一方で王毅は、米国の高官と会談する際にいつも過激な言葉を浴びせてきた。

対する秦剛は前駐米大使という経歴もあって、習政権の対米関係改善の〝切り札〟として外相に起用された。そんな経緯から、彼はどちらかといえば対米穏健派の立場である。本年6月にブリンケン米国務長官が北京訪問の際、秦剛外相は7時間半にわたって異例の長時間会議を行い、米中関係改善への実務協議に尽力した。

対米改善外交の推進という視点から、秦剛外相は王毅前外相時代から中国のお家芸となってきた〝戦狼外交〟とは一定の距離を置いてきた。実は秦剛もそれ以前は戦狼外交的な姿を見せていたのだが、外相就任後に変わり身を見せた。戦狼外交のシンボルとされていた趙立堅《ちょうりつけん》副報道部長（当時）を閑職《かんしょく》へ左遷《させん》したのである。

この一件は、趙立堅を副報道部長に抜擢した王毅前外相の不興を買い、二人の対立を激化させる要因ともなった。

事件の鍵を握るのは謝鋒・現駐米大使か？

以上のような二人の対立の激化を背景に起きた「秦剛外相失踪事件」は、王毅一派が不倫問題を武器に失脚を目論んだものとの観測が主流となっている。これにはかなりの説得力が備わっていると筆者は思う。

なぜなら、こうした観測のキーマンの一人が、現在の駐米大使の謝鋒《しゃほう》であったからだ。こんな話が中国人ネットワーク間で飛び交っていた。

今年59歳の謝鋒は、外務省では秦剛の2年先輩でありながら、駐米大使への出世競争で一敗地にまみれた。秦剛のことを快く思わない謝鋒は、秦剛の後任として新駐米大使に赴任すると、現地情報から不倫の一件を把握した。

「秦剛の不倫相手の傅暁田は、二重スパイ。米国の諜報機関のために動いている」

謝鋒はこんな情報を王毅に送ったというのである。

単なる女性スキャンダルならば、政府上層部は反応しないのだろうが、不倫相手が二重スパイとなると放置しておくわけにはいかなかった。王毅はただちに習近平にその概要を報告した。

習近平主席は秦剛を重用してきたとはいうものの、王毅に対してもひとかたならぬ信頼を置いている。そうでなければ、自身の政権で10年以上も外務大臣に留め置きはしなかったはずだ。

ここからは筆者の推測だが、おそらく習近平はこう考えたに違いない。

やはり秦剛と二重スパイ疑惑を持たれる女性との不倫情報は看過《かんか》しかねる。秦剛の忠誠心に対しても疑念は消えない。そこで習近平は、秦剛の仕事をいったん停止させた上で取り調べを受けさせようと判断した。

おそらく中国メディアから消えた秦剛は現在、某所で取り調べの毎日が続いているものと思われる。今後の展開としては二通りのものが考えられよう。

① 取り調べの結果、秦剛問題は単なる不倫で、相手の傅さんが米国に雇われた二重スパイでないことが判明した場合。そのときには習主席の指示により、秦剛は職場復帰を果たす可能性もある。ただし、外相復帰は微妙であろう。いずれにせよ、王毅との権力闘争が

再開される可能性は否定できない。

② 取り調べの結果、彼女が二重スパイだと判明した場合、あるいはシロだと証明できない場合。秦剛に対する習近平の疑念が払拭されないことから、秦剛は事実上、完全に失脚する。だがその際、外相に抜擢《ばってき》した習近平のメンツと権威を傷つける恐れもあるから、秦剛は健康上の理由で自ら外相退任との形をとる可能性が高い。

秦剛を首尾よく外務省から追い出した場合、勢力を取り戻した王毅一派の下では、一層の〝親露反米路線〟へ傾斜していく可能性があるだろう。

秦剛により冷や飯を食わされてきた戦狼報道官の趙立堅は現場復帰し、昇進することもあるのではないか。

いまも国務委員の座に収まっている秦剛

7月25日、公の場から丸1ヵ月姿を消していた中国の秦剛外相が、突如として国家主席令を持って解任された。就任してから7ヵ月足らずの外相解任は、中国共産党政権史上初めてのことだ。これで秦剛は中国共産党政権史上、もっとも短命の外相となった。

さらに意外なのは、解任の主席令がその肝心な理由についてはいっさい触れなかったことである。翌日の外務省記者会見において、毛寧報道官は「理由」についての一連の質問に対して、「ソースがない」と回答を極力避けていた。

それでは、秦剛解任の本当の理由は何だったのか。先にも申し上げたけれど、現段階においては、いわば「権力闘争説」が妥当であろうと思う。

昨年12月に56歳（当時）という異例の若さで先輩副外相をごぼう抜きにして外相に抜擢された秦剛に対し、外交部（外務省）内の嫉妬《しっと》・反発が最初から強かったことが大きいのではないか。

秦剛が外相に就任してから、前外相・外交統括トップの王毅との間で外交路線をめぐっての確執が生じていたことは広く知られていた。結局、王毅VS秦剛の権力闘争を生み、加えて秦剛による趙立堅報道官の左遷は両派の対立をさらに深めることとなった。

こうした中で、王毅一派は秦剛の不倫スキャンダルに、不倫相手のスパイ容疑を加味して習主席に誣告《ぶこく》、秦剛に対する主席の強い不信感を植え付けることに成功した。結果、秦剛の外相解任にこぎつけたのであろう。

それでも習主席は秦剛に対する疑惑を100％信じたわけではない。なぜなら、主席令では秦剛が〝兼任〟する外相を解任したものの、国務委員のポストを解任していないからだ。つまり、秦剛は外相職を失ったものの、完全に失脚したわけではない。

だが現時点では、王毅VS秦剛の権力闘争は王毅側の勝利となり、外交統括トップの立場でありながら外相にも返り咲きした王毅のひとり勝ちともいえる。

秦剛の解任後、中国外務省の公式サイトは秦剛が外相を務めた事実までを消して彼の〝抹殺〟に躍起になっている。そのことから見ても、やはり秦剛解任は外務省内の権力闘争の結果であると確信できよう。

増幅する親露反米路線と体制凋落の始まり

それでは、秦剛解任の一件が今後の中国外交と内政に与える影響について考えてみよう。

まず考えられるのは、中国外交における王毅の影響力が飛躍的に増大することを挙げたい。前述のとおり、これまでの中国外交は、習主席の下で、中央外事工作委員会弁公室主任（外交統括トップ）と外交部長（外相）の二頭体制で運営されてきた。

今回、王毅がこの二つのポストをひとり占めすることとなり、まさに〝外交のドン〟として外務省に君臨する。その際、外交の意思決定権は当然習主席の手にあるが、外交の現場から習主席に肝心な情報提供と助言できる立場にあるのは、いまや王毅だけとなっている。このことから、結果的には王毅が中国外交を仕切ることとなる。

こうした中で、王毅が代表する親露反米路線はより一層増幅するものと予想できる。実際、外相に返り咲きした前日の7月24日、訪問先の南アフリカでロシア高官と会談した王毅は、「中国とロシアはこれからより一層の戦略的意思疎通を図り、共同で覇権・強権に反対していく」と語り、反米の中露共闘を呼び掛けた。

秦剛解任の内政上の影響についてまず考えられるのは、習近平国家主席の権威失墜であろう。

かねがね筆者が指摘してきたように、2022年12月、外務省内の序列を無視して、対米改善の〝切り札〟として秦剛を抜擢したのは習主席その人であった。以来、習主席は秦剛を外交上の右腕として重用してきた。

しかし外相任命からわずか7ヵ月足らずで、理由もはっきりとさせないまま、自らの手で秦剛を解任した。これは習主席が自らの行った人事に対する否定であって、自分の決めた秦剛起用人事が間違いだったと内外に示すことになった。この人事の失敗は習主席自身の失敗。最高指導者としての習主席の軽率さや思慮不足を露呈し、自身の政治的権威を大きく傷つけてしまった。

秦剛解任は今後、習近平の側近集団内の権力闘争の激化を誘発することとなろう。王毅と秦剛の両人は習近平のお気に入りの側近であった。だが、今回の事件で同じ主席側近の一人がもう一人の側近の引き下ろしに成功した。こうなると、習近平の側近集団の内部で新たなる権力闘争、新局面を迎えることになるはずだ。

昨年10月の党大会で、習主席は反対勢力を一掃し、側近たちで党指導部を固め、盤石の独裁体制を確立した。しかし今回の一件では、主席の独裁が裏目に出て、重要人事における習近平自身の失敗を生んだ一方、習近平側近集団内の今後の権力闘争の激化を招き、内部分裂を誘発する禍根《かこん》を残した。

COLUMN

人旺財不旺に終わった5月の労働節連休

ケチ旅行が多かった中国のゴールデンウィーク

中国では本年4月29日から5月3日までの5日間、労働節（メーデー）にともなう大型連休があった。例年では旅行と消費の集中期であるが、ゼロコロナ政策解除後初めての労働節連休であったことから、経済回復の度合いを見る絶好の〝試金石〟として注目された。

連休スタート直後、全国観光地などに人々が殺到、未曽有の大混雑となった現象が全国各地で起きた。

そのため中国国内では「消費回復」「経済回復」と喜ぶ声が上がり、連休終日の5月3日には日本の一部メディアも「中国の消費回復は鮮明」と報じた。

5月4日、中国文化と旅行部（省）データセンターにより、連休中の人出と観光収入の統計数字が発表された。それによると、連休中に全国で延べ2億7400万人が移動し、それにともなう観光収入は1480億元（2960億円）であった。

延べ2億７４００万人移動という数字は、コロナ以前の２０１９年の労働節連休時より約20％増、人出の面ではかなりの繁盛ぶりといえた。

しかし、観光収入１４８０億元は２０１９年時よりわずか０・66％増、４年間にわたる物価上昇を考慮すれば、事実上のマイナス成長だった。

さらに前述の観光収入総額を、移動人数の１人当たりで計算すれば、大型連休に出かけた人々の１人平均消費額は５４０元（1万８０００円程度）であった。

この結果を受け、中国国内一部メディアと専門家は「人旺財不旺（人出が繁盛するが商売は繁盛しない）」、「窮遊（貧乏旅行）」といった言葉を使って、本年の連休消費の現状を表現、失望感をあらわにした。

また、一部のメディアは「特種兵旅行」という新造語を用いて、大型連休中に流行った観光スタイルを表現した。「急行軍の早足で多くの観光スポットを効率よく回る

労働節を祝うポスター

が、途中では泊日数を最低限に減らし、レストランで食事せず、お土産を買わずにして節約に徹する」というスタイルであるという。

こうした現状をふまえて中国国内の多くの専門家は、「3年間のゼロコロナ政策で封じ込められた国民の大半は、自由の空気を求めて旅行に出かけた。しかし、大半の人々はお金がないから、ケチ旅行に徹するしかなかった」と分析、「消費回復は依然として不透明」との見解を示した。

第四章

G7広島サミットをめぐる「習近平VS岸田文雄」攻防戦

いったんは〝籠絡〟された仏マクロン大統領

本年4月16日のG7外相会合の開催から5月21日のG7サミット閉幕までの三十数日間、台湾の未来をめぐって自由世界陣営と中国との間で、まれに見る外交戦が展開された。その主役の座を担ったのは日本の岸田文雄首相と中国の習近平国家主席。大仰でなく、世界の運命を決する外交上の攻防が壮大なるスケールにおいて行われた。

まずは4月18日、日本で開かれたG7（先進7ヵ国）外相会合で、注目の共同声明が発表された。

同共同声明は中国に対して、威嚇や強制、脅迫、武力の行使を控えることを求める一方、台湾問題に関しては、「国際社会の安全と繁栄において台湾海峡の平和と安定が不可欠」との共通認識を示し、「力または威圧による、いかなる一方的な現状変更の試みにも強く反対する」との強い立場を表明した。

周知のとおり、中国の習近平政権が台湾侵攻への準備を進め、「台湾有事」の危険性が高まってきている。そうした中、日米を含めたG7諸国が一致団結して中国の台湾侵攻を許さない強い意志を明確に示したことの意義は決して小さくはない。

振り返ってみれば本年4月初旬、フランスのマクロン大統領は中国を訪問した際に、習近平主席による異例の厚遇と利益誘導で、まんまと〝籠《ろう》絡《らく》〟された。帰国の途中で同大統領は「台湾の危機はわれわれの危機ではない」との衝撃発言を行

籠絡されたマクロン仏大統領

い、西側の結束を乱して中国の台湾侵攻を〝助長〟するような姿勢を示した。

それについては、西側を離間させ、台湾侵攻に有利な国際環境をつくろうとする習近平外交の勝利だった。けれども幸いなことに、その直後に訪中したドイツのベアボック外相は台湾侵攻に対する反対の態度を中国側に明確に伝えた。その一方、国際社会の反発を前にしてフランスも、問題のマクロン発言からの軌道修正を始めた。

これをもって、この当時の中国による離間作戦は失敗に終わった。

工作不調で八つ当たりしてきた中国外務省

4月のG7外相会合は当然、5月19日からのG7広島サミットの下準備でもあるから、外相会合共同声明の合意事項は、そのままサミットの合意事項になる見通しとなった。

これでG7広島サミットは、西側先進国が一致団結して中国の台湾侵攻を封じ込めるという歴史的な重要会議となると期待された。

もちろん、それこそは中国にとり、まずい展開であった。

中国は一定の準備期間を経て、G7広島サミット開催前の5月初旬から失地挽回の反転攻勢に入った。そこから中国は、総力を上げての凄まじい「対G7サミット外交戦」を繰り広げた。5月8日から、中国の秦剛外相（当時）はG7主要国のドイツとフランスを歴訪し、G7内部から離間させるための最後の外交努力を行った。

その一方で中国外交トップの王毅・共産党政治局員は5月10日、11日の両日、サリバン米大統領補佐官（国家安全保障担当）と8時間以上にわたって会談し、米国との関係改善を図った。

G7諸国に多大な影響力を持つ米国の対中姿勢の軟化を図ることにより、広島サミット全体の「対中団結」を乱すことは、重要な狙いであったと思われた。

そしてサミット開幕直前の16日、17日の両日、中国特使はウクライナを訪問し、ウクライナ外相やゼレンスキー大統領と会談した。このタイミングでの特使訪問は、中国による「平和調停」に期待を寄せているEU主要国にアピールし、広島サミットにおけるそれらの国々の対中態度の変化を促すことが主目的であったであろう。

広島サミット参加国の離間を図る一方、中国はサミット自体に対しては批判を強めてきていた。

まず中国外務省の汪文斌副報道局長は5月11日の同省記者会見で、「G7は国際ルールを順守するよう中国に要求しているが、G7こそ国際ルールを破壊している代表格だ」と批判した。

17日には、中国の呉江浩《ごこうこう》駐日大使とロシアのゲンナジー・オベチコ臨時代理大使が広島サミットへの対応について会談した。双方の発表によると、両大使は会談で、「G7が中露を攻撃するため、虚偽情報を広めている」との主張で一致したという。G7サミットを潰すために、中国はロシアとも共同戦線を組んだのである。

18日、今度は在日中国大使館は、G7広島サミットをめぐる中国に対する否定的な動きに「深刻な懸念」を日本側に伝えたと発表した。

日本で開かれる国際会議に対し、たかが在日大使館が文句をつけてくるのは前代未聞にして、かなり乱暴なやり方であった。ということは、広島サミットを邪魔するために中国は、なりふり構わずの境地に達していたのであろう。

同じく18日、汪文斌副報道局長は記者会見で、G7広島サミットで台湾問題が取り上げられることについて問われ、「日本や米国などの一部の国は絶えず『一つの中国』の原則を空洞化させている」と批判した。

そのうえで「平和解決だけを口にして統一を支持しないのは中国の偉業を邪魔するということだ」と主張した。中国はこれでG7外相会合に続き、G7サミットが「台湾侵攻反対」で団結するのをもっとも恐れている、という自らの〝本音〟を露呈した。

同18日、中国共産党の機関紙・人民日報は、G7サミットの議長国である日本を批判する社説を掲載、「『中国の脅威』をあおり立てることが日本が描いたメインシナリオだ」と主張した。

G7サミットに対する離間・妨害工作が不調であることに苛立《いらだ》ち始めた中国が、とうとう議長国の日本に八つ当たりの矛先を向けてきたわけであった。

習近平が画策したサミットごっこ

そして、中国がG7広島サミットへの最終的な対抗措置として用意したのは、習主席の肝煎《きもい》りで5月18日、19日に西安で開催された「中国・中央アジアサミット」であった。参加したのは中国および中央アジア5ヵ国。

習近平国家主席のほか、カザフスタンのカシムジョマルト・トカエフ大統領、キルギスのサディル・ジャパロフ大統領、タジキスタンのエモマリ・ラフモン大統領、トルクメニスタンのセルダル・ベルディムハメドフ大統領、ウズベキスタンのシャフカト・ミルジヨエフ大統領が参加した。

習国家主席は19日の基調講演で、主権、独立、民族の尊厳、長期的発展などの核心的利益に関する各国との協力、加えて内政干渉、カラー革命、三つの勢力の反対を呼びかけた。

その上で、産業、投資、農業など多方面にわたる分野での対話メカニズム構築や、鉄道・道路の相互接続、エネルギー分野などの協力拡大などを提唱した。また、中央アジア諸国の発展に向け、260億元（約5200億円、1元＝約20円）の融資と無償援助を約束した。

この中国・中央アジアサミットは、タイミングからしても、明らかに広島サミットの向こうを張った習近平流の対抗措置であることが分かった。

しかし失礼な物言いながら、中国以外の5ヵ国が全員、国際政治にほとんど影響力のない零細国家である。それだけにG7広島サミットへの〝対抗〟にほとんどならないのは、むしろ自明のことであった。

会議中に習主席は金融支援と無償援助を提供することを約束したが、結局中国は、西側と対抗するためにお金で零細国家たちを募ってきて、いわゆる「サミットごっこ」を演じて見せただけであった。

このように習近平中国は、持てる限りの外交力と経済力を動員し、離間・妨害などのあらゆる手段を用いて、G7サミット潰しの外交戦を展開したように見える。

ただし実際の効果については、以下に続けて検証してみよう。

中国への融和姿勢が目立った首脳宣言の裏側

本年5月19日から21日までの3日間、広島で開かれたG7サミット。

サミット開催までの数週間、中国が外交力を総動員してあらゆる妨害工作を行ってきたことは先に記した。

こうした中で広島サミットは、「対中国」問題でどのような成果を挙げ、そして他国とどのような共同方針を打ち出したのか。

3日間における会議日程中には実際、三つの重要会議が開催された。
（1）19日と20日連続のG7首脳会議。
（2）20日開催のクワッド（日米豪印）首脳会議。
（3）21日にG7首脳と招待国首脳との合同会議。
さらに、こうした一連の会議の成果として、中国問題と直接関連性のある三つの共同文書が発表された。
（1）G7首脳宣言。
（2）経済的強靭性及び経済安全保障に関するG7首脳声明。
（3）クワッド（日米豪印）首脳会議の共同声明。
まずはG7首脳宣言の中国に関する部分について、そのいくつかの重要段落の原文を抜粋しながら、ひとつずつ吟味していく。

筆者が意表をつかれたのは、首脳宣言の中国に関する部分において冒頭から、「中国と建設的かつ安定的な関係を構築する用意がある」と述べ、「中国と協力する必要がある」と表明した点であった。

これは従来のG7首脳宣言よりもむしろ温厚、かつ友好的な姿勢ではないのかと思わざるを得ないことであった。だが、よく考えてみれば、こうなったことの原因は、おそらく以下の3点にあったのではないか。

①中国が事前に行った欧州取り込み工作の効果もあり、EU全体の対中姿勢は日米英のそれとは温度差が生じてきて、それが首脳宣言に反映されていたこと。

実際、欧州連合のシャルル・ミシェル大統領は5月19日に広島市で記者団に対し、中国との「安定的かつ建設的」な協力を維持することがEUにとって利益になるとの見解を示した。この彼の言葉は、そのまま首脳宣言に盛り込まれている。

②ウクライナ戦争が最重要な局面を迎える中で、欧州を含む欧米全体としてはやはり、中国を完全に敵視することでロシアへの全面支援に習近平を走らせたくはない。当分の間、中国が最後の一線を踏み外さないようにつなぎ止める必要があったこと。

そして①と②は密接に関係しており、欧州の「対中国柔軟姿勢」にも当然、中国を追い詰めすぎると、習近平が完全にロシア側に立つのではないかとの強い懸念があったのであろう。

③実際問題として気候変動への対応や貿易などの面で、欧米は確かに中国の協力を必要

としており、完全な切り離しは当分の間は無理であることが挙げられよう。

以上のような三つの要因が重なって、G7サミットの首脳宣言は対中国の部分ではかなり融和的姿勢となっていたと思われる。

世界有事に昇格した台湾有事

ところが、広範囲な安全保障の問題になると、首脳宣言は中国に対してまさに〝敵対的〟な厳しい姿勢を示していた。

まずは南シナ海で推進されている中国の拡張戦略に対し、首脳宣言は、「南シナ海における中国の拡張的な海洋権益に関する主張には法的根拠がない」と断じた。この海域に対する中国の領海・領土主張を完全に否定した上で「我々は、力または威圧によるいかなる一方的な現状変更の試みにも強く反対する」と非常に強い口調で警告を発している。

そして台湾問題に関しても「我々は、国際社会の安全と繁栄に不可欠な台湾海峡の平和と安定の重要性を再確認する。台湾に関するG7メンバーの基本的な立場に変更はない」と示した。

前回と前々回のG7サミット首脳宣言が「台湾海峡の平和と安定の重要性」に言及したのを受けて、今回のそれは「再認識する」との表現を使っているが、実はここでひとつ大変重要なポイントがあった。

今回の宣言では、「台湾海峡の平和と安定の重要性」という言葉に対する修辞として、「国際社会の安全と繁栄に不可欠な」という文言が新たに付け加えられているのである。

それは非常に重要であろう。

台湾海峡の平和と安定が国際社会の安全と繁栄に不可欠であるならば、台湾問題は中国政府の主張する内政問題ではなく、もはや国際社会全体にとっての問題であるからだ。

中国による、台湾海峡の平和と安定の破壊につながるいかなる行為も、国際社会の安全と繁栄に対する破壊だとみなされるのだから。

故安倍元首相が唱えた「台湾有事はすなわち日本有事」はここで、「台湾有事はすなわち世界有事」に拡大されて〝昇格〟したわけであった。

つまり、G7全員が中国の台湾侵攻を許さない。同時に世界全体も、それを許してはならないことを共有したのである。

今回のG7サミット首脳宣言は、まさにこのような認識において「台湾海峡の平和と安定」を犯すいっさいの行動を許さない従来の立場を再強化した。習近平政権の企《たくら》む台湾併合戦争を強く牽制しながら、4月の「マクロン問題発言」でスキマが生じた西側の結束を再び固めて誇示したのであった。

それ以外にも首脳宣言は、新疆《しんきょう》・チベットで行われている強制労働やその他の人権侵害問題に言及し、懸念を表明した。さらに、香港の自治権を保障している英中共同声明の遵《じゅん》守《しゅ》を中国に求めた。

そして恒例の首脳宣言以外にG7広島サミットは「経済的強靭性及び経済安全保障に関するG7首脳声明」を出した。中国を念頭に、経済的な威圧に対抗する方針を打ち出し、そのための枠組み創設に合意したのである。

こうして総論的に中国との建設的、かつ安定した関係の構築を唱えながらも、経済安全保障を含めた安全保障の各分野に関する各論では、むしろ中国の拡張・威圧・侵略的行動に対する厳しい姿勢を示した。G7としては一致団結して中国に対抗していく強い決意を表明したのだった。

それに加えて、20日に開かれたクワッド首脳会議の共同声明でも、中国を念頭に「海洋秩序に対する挑戦に対抗する」と表明し、「力や威圧により現状変更を試みる一方的な行動に強く反対する」と明記した。

G7首脳声明のすべてに猛反発した中国外務省

以上のように、3期目の習近平政権下において台湾有事の危機が迫ってきている中、広島を舞台に展開されたのは、西側主要国による中国包囲網の再確認と再結集である。中国に対する大いなる抑止力の〝再構築〟でもあった。

したがって筆者としては広島サミットを「対中国」の面で高く評価したいところである。そしてサミットの結果に対する中国側の反応もまた、広島サミットがかなりの成功を収めたことの証左でもあったといえる。

首脳宣言が発表された5月20日夜、中国外務省は記者からの質問に答える形で報道官談話を発表した。

冒頭から「G7は中国側の重大な懸念を顧みず、中国を中傷、攻撃し、中国の内政に乱暴に干渉した。これに強烈な不満と断固反対を表明する」とかなり激しい言葉を使った猛反発であった。中国側はさらに、議長国の日本などに厳重な申し入れを行ったと示した。

報道官談話は台湾問題にも触れた。

「台湾は中国の台湾だ。平和の看板を掲げて、中国内部の問題に干渉することは絶対に許さない。中国人民が国家の主権と領土の一体性を守る強い決意と固い意志、強大な能力を過小評価すべきでない」と強い口調で中国の立場を表明した。

チベット問題や新疆問題などに関しても、「それは中国の内政」とした上で首脳宣言からの批判に逐一反論した。

東シナ海と南シナ海紛争については、「関係諸国を離間させ、対立を作り出そうとしている」とG7を批判した。そして経済的威圧については、「米国こそ経済的威圧の真犯人であり、G7諸国が（米国による）経済的威圧の加担者にならないように」との警告を発した。

このように中国外務省は、G7首脳宣言が行った中国批判や中国牽制のすべてに対して激しく反発・批判した。その一方で、首脳宣言が送った「中国と建設的かつ安定した関係を構築したい」との積極的なメッセージを完全無視して、全面的な対決姿勢を示した。

岸田、Good Job！

こうした激しい反応の背後には、習近平政権がいかなる〝外圧〟にも屈しないという姿勢を国内向けにアピールする思惑があったのだろう。

さらにはG7首脳宣言の内容により、中国がかなりの〝外交的ダメージ〟を負ったことが、その猛反発を引き出した要因のひとつであろう。

つまりG7首脳宣言というパンチが効き、中国側が守勢に回らなければならざるを得なかった、というわけである。

5月21日、中国の孫衛東外務次官は、日本の垂秀夫駐中国大使を呼び出した。その場で孫外務次官は、G7広島サミットで中国や台湾の問題が取り上げられたことについて「強烈な不満と断固たる反対を表明する」と言及した。さらに孫次官は、日本がG7議長国として一連の会談や声明で「関係国とともに中国を攻撃し、中国の内政に粗暴に干渉した」とする批判をぶつけてきた。

両国間の問題についてではなく、日本で開かれた国際会議について中国外務省が日本大使を呼び出して抗議するのは、異例中の異例といえた。

このことにより明確に分かったのは、中国政府は議長国の日本と日本の岸田首相こそが今回のＧ７おける〝中国叩き〟と中国包囲網構築の首謀者であると認定したことであった。要は、一番悪いのは日本だと確信したわけである。


そしてそれは逆に、議長国の日本と岸田文雄首相がＧ７諸国の対中姿勢を統一させたことに主導的な役割を果たしたことの証左でもあった。

フランス紙フィガロによると、首脳声明の中国をめぐる文言において、「マクロン大統領は抑えた表現にしようとした。だが、中国の脅威に直面する日本は、フランスの立場を理解しなかった」と報じている。

それが事実ならば、岸田首相は議長国の首相としてマクロン大統領の過度な〝対中宥和論〟を押さえ込み、Ｇ７の対中姿勢をまとめたことになるわけだ。まさに「岸田、Ｇｏｏｄ Ｊｏｂ！」であろう。

G7サミットの慣例となり得る中国外し

首脳宣言などのG7成果文書をまとめた以外に、議長国の日本と岸田首相はもうひとつ、中国にとって大変なダメージとなるような状況をつくり出した。

それは通常のG7メンバー国首脳以外に、インド・豪州・ブラジル・韓国・インドネシア・ベトナム・アフリカ東部のコモロ、太平洋地域のクック諸島の8ヵ国の首脳を招待したことであった。

メンバー外の国々の招待は当然、議長国日本の特権で実現できたのだけれど、このことの意義は決して小さくはない。

世界のGDPトップ10ヵ国のうち、中国以外の各国の首脳が広島に一堂に集まってきたことになる。これは日本の国際的影響力の増大に寄与すると同時に、G7自体の重みも増すこととなるからだ。

各招待国の中国との関連性はさまざまである。

インド、ベトナム、インドネシア、韓国などは中国と深い関係性を持ちながらも、時に対立したり警戒したりもしている国々だ。

　こうした国々を西側の「対中国共同戦線」に徐々に引き寄せてくることは一種の〝大戦略〟とも言うべきものであろう。中国包囲網のより一層の拡大につながる可能性を秘めている。

　何よりも特筆すべきなのは、議長国の日本が中国のライバルでもあるインドやベトナムなどの首脳をサミットに招待しておきながら、世界第二の経済大国で主要国のはずの中国を招待しなかったことである。

　この行動は明らかに、世界の方向性を決めるG７中心の国際的枠組みから中国を排除するためであり、〝孤立化〟を図るものであった。

　少なくとも今回の広島サミットにおいて、中国が世界の主要国の枠組みから排除されて不本意な仲間外れとなったことは、まさに日本国と岸田首相の深謀遠慮《しんぼうえんりょ》による画期的な出来事であったと、筆者は捉える次第である。

招待国も含めた首脳と平和祈念公園で

これは今後のG7サミットの慣例となる可能性もある。

そういう意味においても、日本と岸田首相は歴史に残る仕事をしたと評価できよう。

それに対抗して、習近平中国はお金を餌《えさ》に中央アジアの零細国家たちの首脳を西安にかき集めてきて「サミットごっこ」を演じ見せたことは前述のとおりである。

そんな習近平自作自演の茶番は当然ながら、G7広島サミットの足元にも及ばない。

岸田文雄VS習近平、世紀の合従連衡《がっしょうれんこう》攻防戦、今回は岸田首相の大勝利に終わったと評価したい。

COLUMN

中国の「国家安全観」の自業自得

「狼が来たぞ!」が逆効果になる

本年5月30日、中国共産党は「国家安全委員会会議」を開き、会議を主宰した習近平主席が重要講話を行った。

翌日掲載の人民日報の公式発表によると、会議は中国をめぐる現在の国家安全情勢について次のような認識を示した。

「現在、われわれが直面する国家安全問題は複雑かつ重大である。……われわれはこれから、波高く風雲急の局面、あるいは驚涛駭浪の局面を迎えなければならない」

ここで使われた驚涛駭浪は中国語の四字熟語だが、WEB版「中日辞典第三版」の解釈では二つの意味合いがあるという。①逆巻く大波 ②（たとえ）危険で恐ろしい状態。前述の共産党会議で使われているのは当然、2番目の比喩《ひゆ》としての意味合いであるが、筆者自身もここの解釈が適切であると思う。

つまり習近平政権はここで、大変際どい表現を使って、中国の国家安全情勢について「危険で恐ろしい状態」であるとの認識を示し、それを全国民に明示したのである。


考えてみれば、このような現状認識はまったく根拠のないものでもない。確かに、本年5月に開かれたG7広島サミットでは西側が団結して中国に対する厳しい姿勢を示した。加えて中国周辺では近年、日米豪印の4ヵ国からなるクワッドや米豪英の3ヵ国からオーカスなどの対中連携が形成され、包囲網が徐々に出来上がってきた。

このような状況からすれば、中国を取り囲む国家安全情勢がかなり厳しいと言えなくはない。

だからと言って、中国の国家安全が危険で恐ろしい状態下にあるとの認識は、あまりにも現実離れして大袈裟であるとも言わざるを得ない。

実際、中国に攻め込み、中国の国家安全を脅かす国などどこにもない。包囲網の構築も、中国自身の覇権主義戦略がもたらした結果であって、身から出たサビであろうと言うか、自業自得そのものであろう。

にもかかわらず習政権は、あれほど大袈裟に「国家安全が危険」と騒ぐのは一体なぜなのか？

6月2日の人民日報は前述の国家安全会議の主旨を受けて「国家安全」に関する論評を掲載した。それは文中に国家安全という文言を179回も使って危機感をあおり立てた。

このような奇抜な宣伝工作の目的は次の二つが考えられる。
①「国家安全は危険な状態だ」と喧伝《けんでん》することで、経済問題の深刻さから国民の目をそらす。一方、国内統制のより一層の厳格化のための世論づくりを図ること。

②来るべき台湾併合戦争の発動に備えて、国民全体を戦時体制へ導くための雰囲気をつくっていくこと。

しかしその一方、「国家安全が危険な状況にあるぞ!」との宣伝を行っていくと、国内の経営者たちは当然、投資活動や生産の拡大を極力避けるようになる。すると国民はますます不測の事態に備えて節約志向に走ることから、中国経済はますます沈没していく。

その結果、習政権はますます国内危機回避のために対外的冒険に打って出ることに傾く。つまり台湾侵攻だ。中国の国家安全のみならず、アジアと世界の平和そのものが破壊されてしまう危険性があると思われる。

バカ殿のなせる業とでも言おうか。

第五章 小細工で対米優位を演じた習近平外交

ブリンケン長官を朝貢使節のごとく扱った中国

本年6月18日、19日の2日間にわたって、ブリンケン米国務長官が北京を訪問、中国の秦剛外相（当時）、王毅共産党政治局員、習近平国家主席と相次いで会談した。

米国務長官の5年ぶりの訪中であり、バイデン政権の国務長官による初訪中でもあった。米中関係がどん底に陥っている中、長官の訪中が関係改善の契機となるかどうかは、当初から米国国内と国際社会の関心の的となっていた。

2日間の訪中において、内外の大いなる注目を集めたのは、一連の会談の中身や成果よりも、中国側のブリンケン長官に対する〝無礼〟な待遇であった。

長官が専用機から降りたとき、中国側がそれまでの慣例に反して歓迎の赤絨毯《じゅうたん》を敷かなかった。中国語ではそうした行為は「当頭棒」と呼ばれる。訪中した手強い交渉相手に何らの形で不意打ちを食わせることで、相手の勢いを削ぐという手口である。


そして読者諸氏も記憶にあるかもしれないが、習主席との会談の際、奇妙な構図が認められた。習主席とブリンケン長官が一対一の形で向き合って会談するのではなく、主席が議長席のような上座に座り、長官と部下である王毅政治局員の二人をその両側の「下座」に座らせる方式をとったのだった。

中国においては言わずもがなであるけれど、これはトップが部下たちの報告を聞く場合の典型的なセッティングである。

習主席はこれで〝天下一君〟式の中華皇帝的な尊大ぶりを演じて見せたことになろうか。ブリンケン長官のことを、あたかも中華皇帝に朝貢してきた属国の使節であるかのように扱い、同長官と米国に対する優位を〝内外〟に示したつもりだったかもしれない。

ブリンケン長官がこのような待遇を〝甘受〟したことに対し、米国国内一部から批判の声が上がり、日本の一部識者からも「中国に圧倒された米国の腰抜け外交」だとする酷評が出たものの、このような批判は必ずしも当たらない。

米中首脳会談となると、座り方などの形式に対する双方の事前チェックは当然ある。今回の場合、会談するのは相手国の国家元首であるから、呼ばれた場所に赴き、招じられたままの席に座るのは普通で、相手国と座り方の争いをするのはむしろ考えにくい。

ブリンケン長官はその場で大人の対応をして見せたが、その場合、面子《メンツ》を何よりも大事にする中国人とは違い、ともすれば米国人は形式よりも会談の実を重んじるものである。

核心の台湾問題には一切触れなかった習近平

習近平・ブリンケン会談の中身に関して、中国側の公式発表からすれば、座り方の無礼さとは裏腹な内容であった。

習近平皇帝がブリンケン長官との会談で語ったことの中身は、むしろ尊大さと挑発性に乏しい、温和的で卑屈的、弱腰的な部分さえ含まれていた。

習主席発言を拾ってみると、それは次の三つのポイントでまとまっていた。

①広大なる地球は、米中両国の各自の発展と共同繁栄を許容しているはず。
②大国間の競争は時代の潮流に沿わない。中国は米国の利益を尊重している。中国は米国に挑戦したり、米国に取って代わったりするつもりはない。同様、米国も中国の利益を尊重すべきであり、中国の正当なる利益を損なうようなことはしない（でほしい）。
③米中両国が万難を排し、互いに尊重しながら平和共存できるような関わり方が見つかることを信じたい。

こうしてみると、習主席発言の基調は、中国としては米国に挑戦するつもりはなく、取って代わるつもりもないと明言することで、米国の世界的リーダーとしての優位性を認める態度を明確に示した。

一方、それとの引き換えに、米国も中国の利益を尊重、配慮するよう懇願した。

そして習主席はこの会談においては、中国にとって核心中の〝核心利益〟である台湾問題には一切触れず、米国と一番対立している問題での激突を回避したわけだった。捉えようによっては、それは習主席自身の「対米腰砕け」にも映《うつ》った。

結局、訪中の受け入れから始まった中国側の対応ぶりと会談における習主席の言動を見ていると、習政権としてはこの一連の外交行動を通して、なんとかとして米中関係のさらなる悪化を食い止めて関係改善に持っていきたいのが見てとれた。そのため最終場面に出てきた習主席の振る舞いは終始低姿勢、対米融和の優先を明確にしていた。

その一方、会談の中身ではなく、会談時の座り方のセッティングなどで小細工を弄《ろう》して、習主席自身と中国の〝優位性〟を演じて見せた。

これこそは習近平流の大国外交スタイル。〝中身〟で負けている場合は、せめて〝見た目〟で勝利を演出し、これを内外に誇示するのである。

逆に言えば、ブリンケン長官を北京に呼んだ習政権の対米外交は、小細工で勝利と優位を演じる以外に誇示するものは何もなく、まさに外強中乾《がいきょうちゅうかん》（見た目は強そうだが、中身は弱いこと）、小手先のテクニックであったということになる。

それに対し米国側は屈辱的待遇に耐えながらも、一定の外交成果を手に入れた。

6月19日、ブリンケン長官は北京での記者会見で、中国がウクライナ侵攻を続けるロシアに武器供与を検討しているとの疑惑に関し、「中国から現在も今後も提供することはないとの約束を得た」と述べた。実際に供与の証拠も確認できていないとして、中国に謝意を表明した。

「約束を得た」とする発言に対して中国側は一切否定も反論もしていないことから、習政権は米国からの要請に応じて、あるいは米国からの圧力に屈して実際に約束したと見ていいだろう。

その一方、中国側が強く希望した台湾問題への米国側の譲歩に関し、ブリンケン長官がそれに応じた痕跡はなかった。

19日の記者会見で同長官が「台湾独立は支持しない」と語ったことで、一部メディアが「米国は台湾問題で譲歩した」と騒いだけれど、それはまったく当たらない。

なぜなら、「台湾独立は支持しない」というのは米国政府の一貫した言い回しであるからだ。２０２２年6月にブリンケン長官は対中政策演説でも、まったく同じ表現を使った。「台湾独立は支持しないが、中国による一方的な現状変更（台湾併合）も許さない」のは米国の基本的立場であって、今回の訪中で変わったわけではない。

結局、ブリンケン長官は訪中である程度の実を取ったのであった。

なかったことにしたバイデンの「習近平は独裁者」発言

一方、バイデン大統領はどうやら、自分の部下が北京で受けた屈辱を看過するつもりはなかったようだ。

6月20日、バイデン大統領は国内の選挙イベントで、米軍が2月に米領空に侵入した中国の偵察気球を撃墜したことをめぐり、次のように語ったというニュースが流れた。

「習主席は偵察気球の状況を把握できていなかった。彼のような独裁者にとって何が起きたか知らなかったのは大きな恥だ」

バイデン大統領は、習主席のことを独裁者呼ばわりしたと同時に、状況を把握できなかったと、まさに〝裸の王様〟扱いで露骨に嘲笑《あざわら》ったのであった。

後日、インドのモディ首相との記者会見でバイデン大統領はこの発言を否定もせず、「真実だと思う」と発言した。このことから習主席に対する独裁者発言は、決してバイデン氏の失言ではなく、むしろ確信犯的な発言であった。

そしてタイミング的に見れば、それは明らかに、部下のブリンケン長官に屈辱を与えた習主席への意趣返しか、あるいは反撃であると思う。

この独裁者発言に対し、中国側はただちに猛反発した。

中国外務省の毛寧副報道局長は21日の記者会見で、「きわめて馬鹿げており、無責任だ。基本的事実にも外交上の礼儀にも反しており、中国の政治的尊厳に対する重大な侵害だ」と批判した。

同じく21日、中国の謝鋒・駐ワシントン大使も、この独裁者発言についてホワイトハウスと米国務省高官に対し、「深刻な陳情と強い抗議を行った」と発表した。

中国側の反応の仕方には注目すべき二つのポイントがあった。
① バイデン大統領の発言は、習主席のことを明確に口にして愚弄《ぐろう》しているのに対し、中国側はその反発と抗議の中では一切バイデン大統領のことに触れずに米国側云々《うんぬん》と言い、バイデン大統領への直接批判を極力避けていた。
② 中国側は反発と抗議はしたものの、発言の撤回を一切求めていない。つまりそれは、猛反発するふうに見せながらの事実上の〝弱腰対応〟なのである。むしろ中国側のほうが、米中関係改善の流れがこれで途切れることを心配していることが分かった。

さらに興味深いことは、バイデン発言とそれに対する中国側の反発について、中国国内では一切報じられていないことであった。前述の毛寧副報道局長による反発発言もまた、中国外務省の記者会見の公式発表から抜けていた。

国家元首・最高指導者が米国大統領に嘲弄《ちょうろう》されたことに対し、習近平政権は結局は隠忍し、それをなかったことにするしかなかったのだ。

現時点ではむしろ、対米外交においては中国のほうが劣勢に立ち、腰砕けとなっているのである。

COLUMN

超冷遇された中国特使と和平調停の茶番

不発に終わった和平調停

中国政府は本年5月16日から、ウクライナ戦争の和平調停の特使として、李輝《りき》ユーラシア事務特別代表を欧州歴訪へ派遣した。

李特別代表は16、17日両日にウクライナを訪れた後、ポーランド、フランス、ドイツを歴訪し、26日には最終訪問地のモスクワに入り、ロシア外相との会談に臨んだ。

彼はいままで中国外交部（外務省）欧亜局（ユーラシア局）局長・外相補・外交部副部長（副大臣）、駐ロシア大使を務めたロシア外交の有力幹部、副大臣クラスの高級外交官である。こうしたハイレベルの高官の特使派遣は、習政権がこのたびの和平調停を重要視していることの表れであった。

ウクライナ訪問において、李特別代表は同国のクレバ外相と17日に会談した。ウクライナ外務省の発表によると、中国側が速やかな停戦を求めたことに対し、クレバ外相はロシアが占領したウクライナ領土からの完全撤退を停戦の前提条件とした。同外相は、ウクライナ領土の喪失につながるいかなる提案も受け入れないという立場を強調した。

しかし中国政府は最初から、ロシアが侵攻したウクライナ領土からの撤退を和平の〝前提〟としていない。それをロシア側に求めようともしない。

したがって、ウクライナ側が表明した前述の立場は事実上、中国による調停に対する否定であって、双方の立場はまったく合致していない。

これでは中国による「平和調停」は無意味であって、ウクライナも結局、それに期待していない様子であった。

中国側の発表では、両国外相会談の途中、ゼレンスキー大統領が顔を出して李特別代表と面会したが、ウクライナ側からはこのような発表はなかった。すみやかな停戦を求めた中国側に対し、ウクライナ側は事実上、それを拒否したのである。

李特別代表は19日、ポーランドを訪問したが、中国側の発表では会談に応じたのはポーランド外務省副国務秘書（副大臣相当）であった。

そして23日、李特別代表がフランスを訪れた際、フランス側から会談に出たのは仏外務省の政治安全事務担当局長であった。

24日、李特別代表はドイツを訪問したが、中国側の発表では、ドイツ外務省の国務秘書が会談に応じたとされる。

26日、李特別代表は最終の訪問地であるモスクワに到着し、ロシアのラブロフ外相が会談した。

このようにして中国政府の特使として欧州を歴訪した中、李特別代表はポーランド・

フランス・ドイツの3ヵ国で驚くべきほどの冷遇を受けていることがよく分かる。

ウクライナとロシアは中国特使への最低限の応対として外務大臣が彼との会談に応じたが、波・仏・独の3ヵ国から会談に出たのは国務秘書・局長クラス、外交官としてのランク付はいずれも李特別代表以下、冷遇というよりも露骨な軽視と〝故意〟の無礼であった。

こうなったことには、二つの要因があったのではないか。

中国は最初から本気で和平調停を行うつもりはなく、特使派遣は単なる欧州向けの外交ポーズであったこと。欧州側はそれを見抜いており、和平調停にはまったく期待しなくなったわけである。それどころか、中国の無意味なパフォーマンスに欧州の人々はもう、うんざりしているのであろう。

もうひとつには、李特別代表が波・仏・独の3ヵ国を訪問したのがいずれもG7広島サミットの後であったことも留意すべきであろう。

やはり広島サミットを境に、欧州の中国に対する態度には大きな変化が起きていたからだ。厳しい対中姿勢で団結したG7サミットの結果として、欧米世界の中国に対する不信感と対立心がより一層深まり、それが今回の中国特使に対する軽視と故意なる無礼につながったのではないかと思われる。

その一方、李特別代表とロシア外相との会談に関しては、双方の発表からしても和平調停に何の進展もないことが確認されている。

16日の李特別代表のウクライナ訪問から始まった中国の和平調停は結局、国際社会の無関心、無反応の中で、まさに茶番として終わったのである。

第六章 建国以来最大となった失業率

文化大革命時の上山下郷《じょうざんかきょう》運動の復刻版が登場

本年6月10日、人民日報が第5面に掲載した一編の論評は国内で大きな波紋を呼んだ。論評のタイトルは「正しい就業観を打ち立てよう」であり、若者たちに正しい就業観の確立を呼びかけたものであった。

論評の中で特に注目されたのは次の段落に違いない。

「若者は苦労を辞さない積極的な就業観をもち、郷村振興、社会奉仕、国境防備などの領域で尖兵《せんぺい》を務めるべきだ」

これは明らかに、いまの若者たちに対し、都市部での就業、あるいはITやAIなどの花形産業での就職をあきらめて、農村や辺境へ赴き奉仕することを勧めるものであった。

この文言に筆者はデジャヴを感じざるを得なかった。

かつての毛沢東時代を体験した世代の人々から見れば、そんなのは単に、文化大革命時の「上山下郷運動」の〝復刻版〟でしかない。それは、文革の後半期、経済の崩壊で若者の就職口がほとんどなくなった中で、用済みとなった紅衛兵たちを一斉に山間部や辺境の農村地域へと追いやった運動であった。

どうやら習近平政権は同じようなことをやろうとしているのではないか。

その背景にあるのは、いまの中国における若者たちの深刻な就業事情にほかならない。このような未曽有の失業問題が存在しているからこそ、そして政府が解消するための有効な経済政策をいっこうに打ち出せないからこそ、習政権は窮余《きゅうよ》の一策として現代版〝上山下郷運動〟を推し進めようとしているのである。

しかし改革開放の時代に生まれ育ったいまの若者たちが、政権によるこのような姑息《こそく》な失業解消政策に簡単に乗ることはない。

件《くだん》の論評が人民日報サイトで掲載されたところ、その書き込み欄には早速、次のようなコメントが殺到してきた。

「若者が郷村振興、国境防備へ行くべきというなら、どうして〝共産党幹部〟の子女たちは山間部や辺境に行かないのか？」

「農民の父親が苦労して俺を大学へ行かせたのに、この俺に『もう一度農民になれ』と言うのか」

「共産党幹部の子弟たちは皆、国有大企業に入っていると聞く。ならば俺も国有大企業に就職して国のために奉仕したい」

このようにして〝習近平版上山下郷〟は人民日報による世論づくりの段階で、すでに大不評となっている模様である。

だから強制動員でもされない限り、いまの若者たちは政権の望むとおりに農村や辺境へ行くことはまずない。

しかし失業状況の悪化がそのまま続くとなると、行き場と生活の糧を失った若者たちの爆発は、もはや時間の問題といえる。

それにしても、なぜ習近平政権はこのタイミングで「上山下郷運動」の復刻版を呼びかけるような真似をしなければならなかったのか？

次項で解説する「五つの20％減少」が示すように、実際に中国経済が絶体絶命の瀬戸際まで追い込まれているからにほかならない。

週1時間以上の労働で就業者と見なされる中国の不思議

本年6月25日、「中国マクロ経済論壇・夏季論壇」が北京で開かれ、中国人民大学・国家発展と戦略研究院の劉暁光《りゅうぎょうこう》教授が基調報告を行い、その一部内容は国内で大きな注目を集め波紋を呼んだ。

劉教授は報告の中で、ポストコロナにおいて中国の経済回復は思うどおりに進んでいないことを認め、その問題点としては次の五つの20％を指摘した。

①若年層失業率が20％を突破したこと。
②企業の利益が前年同期比で20％下落したこと。
③地方政府の土地譲渡金収入が前年同期比で20％減少したこと。
④不動産の新着工面積が前年同期比で20％減少したこと。

⑤消費信頼感指数が20％以上も落ちたこと。

これらの問題点を根拠にして教授は、「中国経済はすでに自己回復能力を失っている」と指摘、政府に対しては経済回復のためにより大胆な刺激策を講じるべきだと示した。

彼が指摘した「五つの20％減少」の問題点の実態と、その深刻さを順番に解説していこう。

まずは①の「若年層失業率20％突破」に関しては、国家統計局が6月15日、今年5月に16～24歳までの若年層失業率が20・8％に達したと発表。

日本の場合、2022年の15～24歳までの若年層完全失業率は男性が4・9％、女性は3・5％、平均4・2％となっている。ほぼ同じ年齢層において、現在の中国の失業率は日本の約5倍にもなっているわけである。

さらに大問題となっているのは、国家統計局が失業率の算出に依拠する「就業の基準」である。国家統計局公式サイトの公表によると、中国では週に1時間以上の労働であれば〝就業者〟と認定され、失業者に計上されない。

しかしどう考えても、このような就業基準に基づく失業率の算出は、公然なる〝誤魔化し〟に過ぎない。どこの国であれ、市井の人々が週に1時間程度働いただけで食べられるわけはない。

そうすると、週に1時間〜数時間しか労働していない人、あるいは週に十数時間しか働いていない人々を計算に入れれば、中国現在の若年層の実際の失業率はさらに高いと思われる。30％あるいは50％に達している可能性もあるのである。

連鎖する失業ラッシュと消費崩壊

次に劉教授が指摘した②「企業利益は20％近く減少、あるいは下落」に関しては、6月28日に国家統計局が発表した数字である。

本年1月〜5月、中国政府が全国で規模以上と認定した製造に関わる企業の利益が前年同期比で18・8％減となった。そのうち、民営企業の利益は前年同期比で21・3％減であった。

中国の規模以上企業とは年間売上高が2000万元（約3億9000万円）以上のことを指している。ならばこの売上高からすると、国内の製造業関係の大・中企業のほとんどが入っていると見られる。したがって18・8％減という数字は、製造業全体をおおう大不況と凋落ぶりを表している。

③の「地方政府土地譲渡金収入20％減少」については、6月16日に中国財政部（財務省）が発表したとおりの数字といえる。地方政府土地譲渡金収入の大幅減は、不動産業の衰退を意味すると同時に、各地方政府が深刻な〝財政難〟に陥っていることを如実に示している。

④の「不動産新着工面積20％減少」は、6月16日に国家統計局の発表した数字である。より正確に言えば、今年1月～5月、全国の不動産新規着工面積は前年同期比では22・6％減であった。③の数字と同様、この新規着工面積の大幅減は不動産業の衰退と今後の減速を示しているが、中国経済の3割をつくり出している不動産業の大不況は中国経済全体の〝沈没〟を予告している。

⑤「消費信頼感指数20％以上下落」についてはどうなのか。劉教授が出したその数字の出処は不明であったが、筆者が本書で繰り返し指摘してきているとおり、中国では本年4月から消費の〝大崩壊〟が現実に起きてきているのである。

以上が人民大学の劉教授が指摘した五つの20％に対する分析であるが、そこからはいまの中国経済が大変深刻な状況下であることがよく分かる。

中国経済の3割を占める不動産開発業が大きく衰退し、それが原因で地方政府の財政難が深刻化している。製造業の大中企業は大変な不況に陥り、若年層の失業率が数十％に上るという前代未聞の失業ラッシュが発生。その中で国民の消費意欲が急速に萎んでいる、というわけである。

もうひとつ財政部（財務省）が公表した数字であるが、本年1月〜5月の関税収入が前年同期比14・4％減少となっている。それが意味するところはすなわち、経済成長の原動力のひとつである対外輸出もかなり冷え込んでいるのである。

こうしてみると、いまの中国の経済状況は、輸出もダメ、投資もダメ、失業者が溢れて消費が崩壊している最中。まさに絶体絶命的な状況にあると断定して構わない。

若年層失業率が実際には46・5％にまで拡大している

7月17日午前、中国国家統計局が16〜24歳若年層の失業率が21・3％に達したと発表した。

これを受けて、中国の著名経済メディアである「財新網」は同日午後、北京大学国家発展研究院の張丹丹《ちょうたんたん》副教授による「青年失業率が低く見積もられた可能性」と題する文章を掲載、国内外で大きな話題を呼んだ。

張副教授は彼女の研究チームが揚子江デルタ地域で行った現地調査の結果を踏まえ、政府発表の若年層失業率に対する疑問を呈したのである。

国家統計局が公表した今年3月の数字では、全国都市部の16～24歳の人口は約9600万人。そのうちの労働人口は3200万人弱、全体の3分の1程度だ。この年齢層の労働人口の630万人が失業しているから、失業率は19・7％と弾き出した。

しかし問題は次の点にある。国家統計局が16～24歳の都市部人口の9600万人のうち、3分の2を占める6400万人を「非労働人口」としてカウントしていることだ。

彼女が政府教育部門の公表数字を確認したところ、中国で現在16～24歳の人口のうち、在校生として教育を受けているのは4800万人であった。

そうなると、前述の6400万人の非労働人口には実は、すでに教育を終えて在校生ではない1600万人が含まれていることになる。この1600万人の「非在校生」は本来、非労働人口ではなく「労働人口」に計上すべきではないかと張副教授が指摘する。

張副教授のチームが調査した結果によると、本来、労働人口に計上すべきこの1600万人の若者たちがいわばニートとなって労働市場に現れていない。

これは事実上、失業状態にあると見るべきだ。だから、もしこの1600万人の若者たちを失業者に計上すれば、今年3月の、16～24歳の人口の失業率は実際には、2230万人（1600万人＋630万人）÷4800万人（1600万人＋3200万人）＝46・5％になるのである。

以上は、張副教授が試算した今年3月の若年層失業率であるが、そこにひとつ問題がある。国家統計局が出した前述の一連の数字がすべて「都市部数字」であるのに対し、彼女が自らの失業率計算の根拠として出している「1600万人非在校生」という数字には農村部の若者たちも含まれているはずだから、「失業率46・5％」という数字は必ずしも正確であるとは言えないことだ。

しかしながら、いわゆる1600万人非在校生のうち、その3分の1が都市部人口だとすれば、それを含めた計算としては、都市部若年層の失業者は国家統計局計上の630万人ではなく、1100万人を超えているはずである。そうなると、今年3月の都市部における若年層の失業率は35％程度になっている計算なのである。

そして国家統計局の公表数字でも、本年6月現在の失業状況は3月時より悪化しているから、現在の中国では、16〜24歳の都市部人口では、3人中1人が失業しているのは確実なことであろう。

このような前代未聞の失業拡大の惨状からしても、中国経済が大不況に陥っているというより、もはや崩壊している最中であると言わざるを得ない。

長年語られてきた中国経済の崩壊はいま、目の前の現実になりつつあるのだ。

そのひと月後の8月15日、国家統計局が驚くべき行動に出た。今後、若者の失業率など年齢層別の失業率の公表を停止する旨を発表したのだ。同局によると、測定法を改善する必要があるからだそうだが、都合の良い測定法を採用するまで、みっともない数字は発表しないということなのだろう。

「恋人の日」に露呈した婚姻件数大激減の意味合い

近年、中国では5月20日が若年層の間で「恋人の日」として定着していることをご存知だろうか。そして毎年5月20日になると、婚約した若いカップルがこの縁起の良い日に合わせ、婚姻登記のために民政局に殺到する現象が起きている。

２０２３年5月20日は、「コロナ封鎖解禁」以来初めての恋人の日であった。それでこの日の婚姻登記は特別に多いのではないかと、当初から予想されていた。各地の民政局も土曜日にもかかわらず、担当者フル回転の布陣を敷いて、この日に臨んだ。だが、あにはからんや当日の全国における婚姻登記件数は、前年比で大幅な減少となった。

以下は各地で計上された主だった数字である。

5月20日の上海市での婚姻登記件数は１３１７件、前年同日比では38・7％減。

北京市での婚姻登記件数は２３１件、前年同日比で48・6％減。

福建省は６２７０件、前年同日比で39％減。

広東省は1万２４５０件、前年同日比で40％減。

湖北省は９４５５件、前年同比で47％減。

貴州省は６８７３件、前年同日比で54％減。

そして湖南省は４５７６件、前年同日比では何と74％減となったのである。

前年の２０２２年は、中国全土がゼロコロナ政策による封鎖・半封鎖状態下（上海はロックダウン中）だったから、婚姻登記件数は例年よりすでに大幅減となっていた。

しかし今年の5月20日のそれが前年の5月20日の数字よりもさらに40～70％減となったことは衝撃的であった。これで証明されたのは、若者たちの〝結婚離れ〟が想像を超えた猛スピードで進んでいることである。

習近平政権になってからのこの10年間、婚姻数の大幅減はずっと国内における大問題となってきた。２０１３年、全国の婚姻登記件数は１３４６・93万件であったが、２０２１年のそれは７６４・３万件となってほぼ半減した。

経済・社会状況は年々悪化し、若者たちの未来に対する失望感が大きくなってきているのがその主因であろうが、こうした中で前述のように、２０２３年5月20日の恋人の日において、全国的に婚姻登記件数の大激減が起きた。

その背景には、現在における若年層失業率の急速拡大や習近平政権の長期化がもたらした社会的行き詰まり感・絶望感などがあると思われる。

「不恋愛・不結婚・不生娃（恋愛しない、結婚しない、子どもを作らない）」のが若年層の文化・価値観として定着化・常態化してきた中で、婚姻率の持続的下落は今後の長期的傾向となろう。

この現象の中国経済への短期的な悪影響として、不動産市場崩壊の加速化と、家具・家電・婚礼関連など消費市場のより一層の萎縮が予想される。

しかしながら、これらの経済現象は現在進行形の少子化にさらなる拍車をかけることになり、中国という国の衰退を早めることとなろう。

COLUMN

中国が技術大国になれない本当の理由（その1）

名物受験男の経歴

本年6月5日、中国全国で一斉に大学入学統一試験（センター試験）が始まった。センター試験参加人数は1291万人、昨年より89万人増え、史上最高を更新した。日本の場合、今年のセンター試験の参加人数が51万人余であるから、人口比率からみても、中国の受験人数は断然多い。

その一方、中国では現在16歳から24歳までの若年層の失業率が20％以上（政府発表）ときわめて高い。いまの中国の大卒にとっては、卒業はすなわち失業の時代と言ってい。

しかし、それでも多くの若者たちが大学入試に殺到する。それは一体なぜなのか？

今年の大学受験生の中で一番の有名人となってマスコミに広く取り上げられているのが、名物受験男の梁実《りょうじつ》さんである。

梁さんは四川省成都市出身、１９６７年生まれの56歳だ。１９８３年、16歳の彼は高校卒業と同時に第１回目の大学入試に挑戦して失敗。それ以来断続的に大学入試に挑戦し続けてきたが、ほとんどが失敗に終わった。

あるいはセンター試験に合格したものの、点数が低くて自分の理想とする大学には行けず、やむをえず進学のチャンスを放棄したこともあった。

そして本年、彼は人生で27回目の日本でいうところの大学入学共通テストに挑戦した。

大学入試に失敗し続ける中、彼は自分の会社を起こしてさまざまな事業に手を染め、そこそこの成功を収めた。一民間経営者として身を立てることはきちんとできたけれど、それでも大学進学への夢を捨てずに年々頑張ってきた。

多くのマスコミ取材でその動機を聞かれた彼は、常にこう返してきた。

「実は自分は本を読むのが苦手で、好きでもない。しかし、とにかく大学に上がりたい。とにかく大学を卒業して知識人になりたい」

その一方で、大学卒業後に何をするのかと尋ねられると、「何も考えていない」と正直に答え、大学で学びたい専攻については「なんでもいい」と明かすのだった。

結局、梁さんは民間経営者として十分実績を積んできたにもかかわらず、加えて知識欲が強かったわけでもないのに、ただ大学生になりたい、あるいは知識人になりたい一心で、27回の入試挑戦を続けてきたのである。

（その2に続く）

第七章 トリプルデフレに立ちすくむ国内経済

消費向上のシンボルに奉り上げられた串焼き

本年4月中旬、短文投稿サイト「微博《ウェイボ》」で好意的に取り上げられたことがきっかけに、山東省淄博《しはく》市の名物料理「淄博串焼き」を売る店が大人気を博した。

経済不振にあえいでいた地方政府はこれを好機と捉え、同市の体育館などの公共施設を串焼き会場として開放したり、外来客に宿泊施設を無料で提供するなど支援体制を整えた。

そうしたところ、4月下旬からの「労働節大型連休」において、「串焼きを食べに淄博へ行こう」というキャッチフレーズが全国的大流行となった。連休終盤にかけて、各地から延べ12万人の人々が同市に駆けつけた。

淄博串焼きは全国規模のホットな話題となり、人民日報公式サイトも高く評価、中央テレビ局までが現場に対する取材・報道を行った。

挙げ句の果てには、一部の専門家は「消費飛躍の新しいモデルを作り出した」、「中国経済の新しい時代の到来を告げる」と大歓声を上げた。

しかしネット上の一部冷静派の人々が指摘するように、そもそも淄博串焼きの全国的ヒットは、長年のゼロコロナ封じ込めに耐えた人々が〝貧乏旅行〟に出掛けることで気晴らしをする現象のひとつであるにすぎない。

実際に串焼きを食べに行ったネット上の報告では、24人のグループで使った飲食代はたったの7600元。日本円にしては約1万4800円、一人当たり616円であった。

中国の経済基準からしても、この程度の経済効果は微々《びび》たるものであって、いわばこの現象はむしろ、中国国民の急速な貧困化の現れであると捉えるべきであろう。要は、皆が貧乏になったからこそ、あまりお金のかからない串焼きに殺到したわけである。

にもかかわらず、淄博串焼きは全国から熱視線を集め、中国の消費力向上の〝救世主〟であるかのように期待されてしまった。だが、このことは逆に、中国経済の置かれている絶望的な状況の裏返しであると捉えるべきであろう。

要するに中国経済を救う決め手がないから、マスコミも専門家もたかが淄博串焼きに飛びついて救いを求めようとしていたのである。

最先端都市の深圳市で復活する露店経済

これがヒットしたのとほぼ同時期、「露店経済」も再び脚光を浴びることとなった。多くの地方政府は相次いで露店経営を容認・奨励する政策を打ち出し、地方経済の振興策の柱のひとつとして、大きな期待を寄せている模様だ。

読者諸氏は覚えておられるだろうか。2020年のコロナ大不況の最中、当時の李克強首相が経済救済策として露店経営奨励の政策を打ち出したが、政敵だった習近平主席らによって潰されたことを。

しかし、いまになって習主席側近の李強首相の下で、かつての政敵である李克強の露天経済が再び奨励されることになった。

けれども、これはまさに、失業率の大幅拡大など経済状況が際立って悪くなっていることの証拠であり、李強政府にとって国内経済の救済に打つ手がないことの現れでもある。

こうした中で本年5月5日、深圳《しんせん》市政府はこれまで市内での露店を禁じる条例の改定を発表、9月1日から場所制限などの条件付きで市内での露店経営を容認する方針を打ち出した。

この深圳市政府の発表は、中国の金融・対外貿易拠点のひとつであり、全国をリードする先端技術産業を擁する同市まで、失業問題解消・経済維持のために露店経済に頼る以外にないのではないかとの憶測を呼ぶにいたった。

世界第二の経済大国でありながら、いまや串焼きや露店経済に期待を寄せて活路を見出さなければならない中国経済は、まさに断末魔的段階に突入しているとみていい。

立ち並ぶ露店　http://699pic.com

中国経済が萎縮期に突入したと宣言した清華大学教授

本年4月21日に深圳市で開催された「2023年 前海企業家サミット」で、清華大学社会学部教授で著名学者の孫立平《そんりつへい》氏が基調講演を行った。

同講演は当初から国内でさまざまな反響を呼んだが、5月25日、彼の演説内容の抜粋がSNSで掲載された。ここでは孫教授の中国経済情勢に対する独自判断と分析の一部を紹介する。

孫教授はまず、政府が発表した「4・5%」という第1四半期の成長率に触れ、「人々の実感はこの数字ほど良くない」と言って異議を呈したあと、「今後数年、中国は経済的萎縮状態に突入するだろう」との判断を示した。

その理由として孫教授は以下の三つを挙げた。

一 「大規模集中消費」の時代が終わったこと。中国のいままでの高度成長は、「不動産消費」と「自動車消費」という二つの「大規模集中消費」によって支えられてきた面があるが、この二つの市場の成長はすでに頭打ちとなって経済の牽引力にはならない。

二　いままでの中国の経済成長はまた、欧米市場への輸出や欧米資本の中国進出によって牽引されてきたが、今後、「国際情勢の変化」により、世界のサプライチェーンの中国からの移転が加速化し、欧米企業の対中国投資も減り、それが経済の萎縮をもたらす要因となる。

三　コロナ感染拡大が終了したが、それが残した心理上の「傷痕効果」が大きい。中国人の多くは今後しばらく、節約志向となって「低欲望生活」に入ることから、一般消費も持続的な低迷状態となる。

筆者がこれまで指摘してきたように、不動産市場の崩壊が順調?に進み、外資の中国離れと欧米市場の中国離れが加速する中で、中国経済が大不況に陥るのは必至のことだが、このような深刻な事態が「経済萎縮期」という言葉で、中国国内著名学者によって指摘されたことの意味は大きい。

そして前述の諸問題に加えて、若者たちの「恋愛しない、結婚しない、子どもを作らない」という「低欲望志向」がさらに広がっていくと、中国経済の「地獄入り」はもはや避けられない。

ダブルデフレからトリプルデフレへ

端的に言えば、中国経済は日本が経験したデフレを完全になぞっているわけである。

一時、中国人民銀行は日本のバブル崩壊から長期デフレに陥った要因を徹底的に研究し、その二の舞は演じないと豪語していたが、いまとなると虚しい。

すでに中国経済はバブルが破裂した後の日本と同じ道をたどり始めている。つまり物価下落と不動産下落のパラレル（同時進行）である。

知ってのとおり現在バブル崩壊中の不動産については、日本が経験したバブル崩壊とはスケールが違いすぎる。2022年末における住宅ローンの貸出残高は日本円にして約1000兆円。専門家の話では、今後不良債権化するのは600兆円以上で、それは日本のGDPを凌駕する額だ。

同専門家によると、それにより貸し出した銀行側が経営破綻のドミノ倒しとなるので、中央銀行にあたる中国人民銀行は資金調達を行わなければならない。そのために人民銀行は中国債を売りたいのだけれど、人民元の価値が暴落（いまもその傾向あり）し続け、実際には国家自体が破綻状態に陥ってしまうので、買い手がつかないとのことだ。

そして中国はもうひとつ**〝国柄デフレ〟**という深刻なデフレ要素を抱えている。これは筆者が編み出した定義で、中国の国家として傲慢、ぞんざいな振る舞いに他国が耐え切れなくなり、そうした国々が中国に対して強硬な態度を見せることで表面化してきた中国のマイナス要因のことを示す。

中国の国家として、国柄としての信用力がデフレ化しているのだ。

それが最近顕緒に表れたのが、あとで記すことになる「中国公表地図」問題である。

中国メディアが極力周知を回避しようとした重要な事実

本年5月16日、中国国家統計局が4月の国内消費状況に関する一連の統計数字を発表した。それによると、4月の社会消費品小売総額（小売売上高）は3兆4910億元（約68兆3000億円）で、前年同月比18・4％増となった。

4月の小売売上高がそれほどの大幅増となった主な理由のひとつには、比較対象となる1年前の2022年4月の消費沈没に対する反動がある。

昨年を通して中国全国は、ゼロコロナ政策で完全封鎖あるいは半封鎖の状況下にあった。そのため消費活動がかなり落ち込み、昨年4月の社会消費品小売総額は前年同期比で11・1％減であったから、それと比べて今年4月の数字が大きく上がったわけである。

中国国内メディアと一部の日本のマスコミは「4月の小売上高18・4％増」という数字を大きく取り上げ、中国の消費回復ぶりを印象付けようとした。だが、その一方、それらメディアが極力周知を回避しようとするひとつの重要な事実があった。

それはすなわち、4月の中国国内消費は全体的にも各分野で見ても、3月のそれより〝大幅減〟、あるいは〝激減〟していることだった。

本年4月の全国小売売上高は3兆4910億元であった。3月の数字が3兆7855億元だから、4月の小売売上高は前月比では7・8％減と大幅なマイナス成長となったのである。

さらに各消費分野の具体的な数字を見ていくと、4月の「食糧・食料品類」の小売売上高は1395億元（3月は1608億元）、前月比では13・2％減という大幅減だった。

通常、景気が多少悪くなっても食糧や食料品の消費はあまり減らないし、一定期間内の消費量はおおむね安定している。

しかし本年4月、中国国民が食糧・食料品の購買に使った金額は3月のそれより13％以上も減少となったのには、筆者も驚きを隠せない。

ほぼ全分野で3月より大幅下落を見た4月の消費額

中国国民の多くは、本年4月に入ってから、必要不可欠な食糧・食料品消費まで減らさざるをえない節約モードに突入した模様だ。

4月の「服装・靴・帽子・その他の紡績品類」の小売売上高は1051億元（3月は1164億元）、前月比9・7％減であった。下げ幅は「食糧・食料品」より小さいとはいえ、それでも約1割減となったことは重要であろう。つまり本年4月には、中国国民は「食」を減らしたのみならず、「衣」の消費も極力節約しているのだから。

「化粧品類」の小売売上高は276億元（3月は393億元）、前年同月比29・8％減であった。これは中国の女性が4月に入ると徹底的な節約志向に走ったことを意味するのと同時に、〝女性〟の失業が急速に拡大したことも示唆している。

4月の「タバコ・酒類」の小売売上高は364億元（3月は430億元）、前月比15・3

%減となった。タバコ・酒類の主力消費は男性であるから、女性の場合と同様、中国の男たちも〝金欠〟で嗜好品《しこう》の消費を減らさなければならない羽目となった。

さらに見ていくと、4月の「通信機器類」の小売売上高は410億元（3月は514億元）、前月比20・2%減の激減ぶりであった。「自動車類」の小売売上高は3620億元（3月は4265億元）だから、それも前月比では15・5%減の大幅減となった。

通信機器売上高の2割減と自動車類の15%減は、4月における消費の深刻な冷え込みを示したとの同時に、今後において通信機器産業や自動車産業などの基幹産業に大不況が襲いかかってきていることを意味する。そしてそれは、より一層の経済沈没をもたらすことがうかがえよう。

もうひとつ、「建築・内装材料類」の小売売上高は119億元（3月は152億元）、前月比21・7%減となった。中国では新規住宅の内装は、一般的に購入者側が内装業者に依頼して行う。したがって、この分野での売上高の大幅減は当然、住宅新規購入の大幅減を意味し、不動産市場の沈没を映し出している。

実際、上海易居房地産研究院が発表した数字によると、本年4月、全国50の重点都市における新規住宅の成約面積は1896万平米で、前月比約27%減であった。不動産市場の冷え込みがきわめて深刻なのは言わずもがなであろう。

消費崩壊にともなう供給沈没

このようにして今年4月になってからは、中国全国では男女問わずに、国民が化粧品や嗜好品・通信機器の消費から自動車・住宅などの大型消費を大幅に減らして節約志向に走った。

同時に、生きていく上で必要不可欠な食糧・衣類の消費までを削り、節衣縮食の苦しい生活を強いられていることが分かる。

消費が4月からそれほど落ち込んだことの理由のひとつは、およそ次のものであろう。

昨年12月にコロナ封鎖が解禁されてから数ヵ月間、3年間の封鎖で封じ込められてきた消費が〝リベンジ〟消費として集中的に機能してきた。

このリベンジ消費期がおそらく本年3月をもって終了したことから、4月の消費は本来の状況に戻り、いきなり急減したということであろう。

以上を勘案すると、本年4月になってから、中国国民の多くが文字どおりの節衣縮食に走ったこと、つまり消費の急落は一時的な現象ではなく、〝本物〟であることが分かる。

昨年までの数年間にわたるコロナ封鎖と、それとほぼ同時に起きた中国の支柱産業であった不動産開発業の崩壊により、全国で失業が拡大し、人々の所得が大幅減となった。

要は消費市場の崩壊は起きるべくして起きたのであって、今後も続くのは確実視されよう。

消費の崩壊にともない、供給側の生産の沈没も必至、中国経済を潰していく悪循環はすでに本格化している。

中国国家統計局がついた大ウソ

本年7月17日、中国国家統計局は2023年第2四半期（4～6月）と上半期の経済成長率を、それぞれ6・3％と5・5％と発表した。

世界主要国の成長率と比べれば、双方とも突出した高い数値ではあるが、それに対する内外の反応は決して芳《かんば》しくない。日本の場合、日経新聞を含めた主要メディアはそろって「減速」「鈍化」「デフレ懸念」などの表現を用いて、マイナスの評価を与えた。

特に第2四半期の6・3％成長に関しては、厳格なコロナ封じ込めで全国の経済活動がどん底に陥った昨年同期と比べた上での数値だった。だから現在の経済状況を正しく反映していない。加えて、第2四半期の前期比成長率が0・8％の微増にとどまっていることから、中国経済は表面の数字ほど実態が良くないと、多くのメディアや識者が指摘した。

それでは本年上半期の5・5％成長の実態は、どうであろうか。

7月19日、中国財政部（財務省）は本年上半期の税収を中心した国家財政収入の関連数字を発表したが、そこから上半期の中国経済の実態がかいま見えてきた。

中国ではよく知られていることだが、税収に基づいて予算を組まなければならない立場の財政部から出される数字については、〝水増し常習犯〟の国家統計局から出される統計数字よりも信憑性《しんぴょうせい》が高い。

それでは財政部数字をひとつひとつ見ていこう。

①本年上半期の国内消費税税収は8272億元、前年同期比で13・4％減。

②企業所得税は2兆6859億元、前年同期比5・44％減。

③個人所得税は7800億元、前年同期比0・66％減。

郵便はがき

料金受取人払郵便

牛込局承認

9026

差出有効期間
2025年8月
19日まで
切手はいりません

162-8790

東京都新宿区矢来町114番地
神楽坂高橋ビル5F

株式会社ビジネス社

愛読者係行

ご住所 〒 TEL: （　　） FAX: （　　）			
フリガナ お名前	年齢	性別 男・女	
ご職業	メールアドレスまたはFAX メールまたはFAXによる新刊案内をご希望の方は、ご記入下さい。		
お買い上げ日・書店名 年　月　日	市区 町村	書店	

ご購読ありがとうございました。今後の出版企画の参考に
致したいと存じますので、ぜひご意見をお聞かせください。

書籍名

お買い求めの動機

1　書店で見て　　2　新聞広告（紙名　　　　　　　　　）
3　書評・新刊紹介（掲載紙名　　　　　　　　　）
4　知人・同僚のすすめ　　5　上司・先生のすすめ　　6　その他

本書の装幀（カバー），デザインなどに関するご感想

1　洒落ていた　　2　めだっていた　　3　タイトルがよい
4　まあまあ　　5　よくない　　6　その他(　　　　　　　　　)

本書の定価についてご意見をお聞かせください

1　高い　　2　安い　　3　手ごろ　　4　その他(　　　　　　　　　)

本書についてご意見をお聞かせください

どんな出版をご希望ですか（著者、テーマなど）

④関税収入は１２５１億元、前年同期比で13・６％減。
⑤車両購入税は１３２４億元、前年同期比３・６％減。
⑥証券交易印紙税は１１０８億元、前年同期比30・７％減。
⑦税収外収入の国有地使用権譲渡収入は２兆４２３６億元、前年同期比21・３％減。

以上は、財政部公表数字から拾った一連の税収関連数字である。そこから分かってくる重要なポイントは以下のとおりである。

一　企業所得税と個人所得税の双方がマイナスになっていることは、企業全体の業績がかなり悪くなって個人の所得が減っていることを表している。こうした中で消費も冷え込んでいるから、個人消費税の税収減にもつながっている。

なかでも車両購入税の税収減の意味は大きい。それが反映される自動車市場の冷え込みは、結果的には自動車産業の不況につながるが、裾野の広い自動車産業が傾くことは中国経済全体への打撃が大きいことを示している。

二　関税の大幅減は当然、輸出入の大幅減を意味する。とりわけ中国経済の牽引力のひとつである輸出の減少は、成長の足を引っ張る大きなマイナス要素となっているはずである。

三　国有地使用権譲渡収入の21％以上の激減は致命的である。それは中国経済の支柱産業である不動産開発業が大不況に陥っていることを意味する。同時に、各地方政府が深刻な財政難に直面していることも示している。

こうしてみると、2023年上半期においては、中国で企業所得も個人所得も減り、消費が不振で、車が売れずに輸出が傾いている。そして経済を支える大黒柱の不動産開発までが大不況に陥っている状況であることが分かる。

したがって国家統計局が出してきた「上半期成長率5・5％」は単なる〝大ウソ〟であると断言できよう。

前月比89％減となった銀行の新規融資額

中国当局が8月に公表した一連の経済数値から、本年7月において中国経済が崩れていることがより鮮明となり、地滑り的崩壊が現実に起きていることが判明した。

まずは中国指数研究院が7月31日に発表した数字である。7月において、中国では「百強房企」と呼ばれる、売上上位100位内の不動産開発大手の総売上額が前年同月比で34・1％減。前月比では33・8％減だった。それは、不動産市場の崩壊が加速化していることを鮮明に示した数字といえた。

中国税関総署が8月8日に発表したところでは、7月、中国の対外輸出（ドル建て）は前年同月比で14・5％減となり、2020年3月以降で最大の下落幅を示した。

本年1～7月の中国の輸出は前年同期比で5％減となっているから、中国経済を牽引する「三つの馬車」のひとつとされる対外輸出は完全に失速している。

その一方、7月の輸入も12・4％減となっており、国内需要も大変な勢いで落ち込んでいることが分かる。

そして中国国家統計局が8月9日に発表した数字では、今年7月の消費者物価指数（CPI）は前年同月比で0・3％下落した。それは2021年2月以来、2年5ヵ月ぶりの低下であった。

同じ9日の国家統計局発表によると、7月の生産者物価指数（PPI）は前年同月比で4・4％下落となった。CPIとPPIの同時下落、とりわけ生産者物価指数の10ヵ月連続下落は当然のことながら、中国経済がすでにデフレに入っていることを示している。

中国人民銀行（中央銀行）は8月11日、驚天動地の重要数字を発表した。7月の新規人民元建て銀行融資が3459億元（478億ドル）と、6月の3兆500億元から89％減となったのだ。この89％減とは、大方の中国人に言わせれば、まさに断崖絶壁からの飛び降りたような急落である。

中国政府が経済刺激策として金融緩和を実行している最中にもかかわらず、銀行の新規融資が前代未聞の9割減となったのは、国内企業が一斉に生産拡大や投資拡大を止めたことの結果である。無数の企業が生産停止、廃業、倒産に追い込まれたことの結末でもある。それは当然、今後における中国経済の歴史的な転落の発生を意味するのであろう。

次いで8月10日、中国不動産開発の最大手となる碧桂園（カントリーガーデン）は本年1～6月期の純損益が最大550億元（約1兆1000億円）の赤字になるとの業績予想を発表。同時に同社は発行したドル建て社債総額2250万ドル（約33億円）の保有者に対し、8月7日が期限だった利払いを履行できなかったことを明らかにした。

同じく不動産大手の遠洋集団（シノオーシャン）も14日、本年1～6月期の純損益が最大200億元（約4000億円）の赤字になる見通しだと発表。同時に、利払いが滞った同社の米ドル建て債券の取引が停止されたことも明らかになった。

そして8月18日、売上では業界2位の不動産開発大手の恒大集団（エバーグランデ）はとうとう、約48兆円の負債を抱えてニューヨークの裁判所に破産申請を出した。それはかってのリーマン・ショック同様、中国不動産バブルの崩壊を告げる歴史的大事件であった。

このように本年7月から8月中旬にかけ、対外輸出の激減、銀行新規融資の絶望的な急落、そして恒大集団破綻が告げる不動産バブルの崩壊など、中国経済の地滑り的な総崩れを意味する重大事態が集中的に発生した。中国経済崩壊という世界史的大事件が目の前で起きているのである。

経済対策から逃げの一手の習近平

ところが、このような重大事態の発生に対し、中国の習近平指導部、とくに習近平国家主席本人はほとんど無反応にして無策、逃げの一手の〝駝鳥《だちょう》政策〟に徹している。

8月1日から16日までの16日間、習主席は一切公の場に姿を見せることなく、中央財経委員会主任として経済問題に対して発言したり、指示を出すこともなかった。

おそらくその間、習主席は大水害の発生や経済崩壊の事態を横目に、避暑地の北戴河《ほくたいが》に雲隠れしていたと思われる。

8月16日、同じ北戴河で避暑していたと思われる李強首相がようやく動き出して、経済対策を講じるための国務院全体会議を開いた。会議には国務院幹部全員と各中央官庁の責任者が参集した以外に、各地方政府（省、市）の責任者たちもオンラインで参加。今年最大規模の経済対策会議となった。

しかし危機的な状況下で開かれたこの肝心の経済対策会議に対し、習主席は出席せず、メッセージや指示を送ることもなく、一切われ関与せずの姿勢を取った。これは、8月15日に開かれたエコ関連の全国会議に対し、習近平が側近の丁薛祥《ていせつしょう》政治局常務委員を通して「重要講話」を行ったのとは好対照に映る。

結果的には、李首相主宰の全国規模の経済会議は有効な対策を一切打ち出せず、国内外からの注目はほとんどなかった。習近平個人独裁体制が確立したいまの中国では、習主席自身が動かなければ何も起こらないのである。

許されない政府の寝そべり

習主席が避暑地から帰京して会議に出たのは8月17日。

彼は政治局常務委員会会議を主宰し、重要講話を行った。関連の報道は翌日の人民日報の一面を大きく飾ったのだが、肝心の会議のテーマは経済ではなく水害対策だった。

しかし8月17日の時点では、河北省を中心に発生した大水害はすでに収まっていた。水害が収まった後の水害対策会議とはいかにも間抜けにして〝頓珍漢《とんちんかん》〟な話であるが、結局それは、喫緊の経済問題から逃げようとする習近平が仕事をしているフリをして見せるためにとった行動のひとつに過ぎない。

そして週明けの21日からは習主席は、国際会議参加のために外遊を開始した。彼はあくまでも、危機的な状況下にある国内の経済問題から逃げ回る一方であった。

おそらく今後においても、ますます深刻化していく経済問題に対し、習近平は一切「われ関与せず」の姿勢を貫いて責任回避を続けることとなろう。

だが問題はいまの習近平個人独裁体制の下では、最高指導者がこのような無責任な態度を取り続けると、14億国民が困り果てるのである。

政権が何の有効な対策も打ち出せないだけでなく、政府全体、そして共産党政権の幹部集団全体において、経済危機を見て見ぬ振りして問題解決を放棄するのは一種の風潮となっているように見える。

これまで中国の若者たちの寝そべりは大問題化されてきたが、これから起きようとしているのは〝政府の寝そべり〟であって、とりわけ経済問題に対してはまったくの機能不全となろう。

この状況のままでは、中国経済は落ちるところまでに落ちていき、完全に崩壊していく以外にない。いま、すべての中国問題の根元にあるのはまさに習近平問題であるが、習近平個人独裁体制が存続する限り、中国の衰退と破綻は避けられないのである。

COLUMN

中国が技術大国になれない本当の理由（その2）

いまだに引きずる科挙《かきょ》時代の悪弊

名物受験男の梁実さんのこうした執念深さの背後には、実は儒教《じゅきょう》社会の伝統を受け継いだ現代中国人の基本的考え方と社会心理のひとつが横たわっている。

中国史上、隋《ずい》の時代に創建された官僚選抜の科挙制度は実に1300年以上も存続した。かの科挙社会においては、科挙に合格した〝読書人〟は本当のエリート、〝人の上の人〟とされる社会的気風として定着していた。

庶民はもちろんのこと、巨富を築いた商人であっても、あるいは素晴らしい技能を持つ職人であっても、その社会的地位は科挙合格の読書人の〝下位〟にランキングされた。

要は、読書人だけが全社会からの尊敬を受ける存在だったのであった。

そしてこの伝統は現代にも受け継がれてきている。

隋時代に始まった科挙試験は現代の大学受験となって、かつての読書人は現在の大卒の知識人となって、ある程度の社会的尊敬を受けている。大卒でないあらゆる職業の人々よりは社会的には優位なのである。

逆に言えば、一人の人間は、例えばビジネスの世界や各分野で成功したとしても、最低限大卒でない限り、社会的尊敬を得られず、なんとなく軽蔑の対象とさえなり得る。

こうした社会的気風があるからこそ、梁さんのように経営者として十分な社会的地位を獲得した人さえ、やはり一度大学に入りたい。現実として「卒業はすなわち失業」の環境下においても、史上最高の1291万人が大学試験に殺到したわけである。

しかしその一方、商人も職人もあまり尊敬されない中国の社会的気風はまた、中国におけるビジネスの進化と技術、技能の発達を阻害する要因となっている。

これが中国がいわゆる「世界の工場」になっても、技術大国になかなか昇華できなかった大きな要因のひとつであった。

儒教国家の悪しき伝統から脱出できないのはまた、現代中国の抱える大きな問題点のひとつでもある。

第八章

親中派大物香港人から発せられた習近平全面批判

香港の民主派に批判的姿勢を維持してきた人物

本年8月21日、シンガポール紙の聯合早報は「問題は経済にあるが、根っ子は政治にある」と題する長文の論評を掲載した。

それは習近平国家主席と習近平路線に対する全面的かつ本格的な批判として、世界中の中国語SNSなどで大きな反響を呼んだ。

執筆者は劉夢熊《りゅうむゆう》氏、香港在住の著名な実業家兼政治評論家でもある。同氏は1948年に中国広東省出身、1973年に香港へ密航。先物取引の成功で香港財界で頭角を表し、上場企業の会長や顧問を兼任してビジネス活動を行ってきた。

そのかたわら香港・マカオ・台湾などのメディアで経済・時事問題に関する評論活動を展開してきた。香港政府戦略発展委員会委員、民間シンクタンク「百家戦略智庫」主席を務める。香港ではひとかどの著名人なのである。

劉氏はまた、香港財界における親中派、中国共産党擁護派として知られる。彼はこれまで広州市政府政策顧問、共産党助言機関の全国政治協商会議の委員を歴任。北京政府からの信頼は厚いようである。共産党機関紙の人民日報も数回にわたって劉氏の論評を掲載したことがある。

政治面では一貫として香港の民主派に批判的姿勢を通してきた。

このような人物が香港から、「習近平全面批判」の論評を堂々と発表したこと自体、まさに政治的大事件といえよう。

中国経済衰退の根っ子は政治にあり

劉氏論評の概要は以下のとおりである。

冒頭は中国経済の現状についてで、中国経済はいくつもの波にさらされていると指摘する。

「民間企業倒産の波、外資企業撤退の波、投資大幅縮小の波、輸出入額下落の波、深刻な消費不足の波、債務問題爆発の波、労働者大量失業の波、政府財政赤字急拡大の波にさらされ、経済を牽引する三つのエンジンである投資・輸出・消費のすべてが失速中である。

その一方、デフレの傾向は明確になっている。米国のバイデン大統領が指摘したように、中国経済はいま、世界にとって〝時限爆弾〟となっている」

経済の現状に対するこのような厳しい見方を示した上で劉氏は改革開放以来、中国経済は数十年間にわたり高度成長を続け、世界第二の経済大国にもなったのに、どうして近年に急速に傾いてきているのかとの問題提起を行った。

そして劉氏は、「経済衰退の根っ子はまさに政治にある」と結論付けたのだった。

そこから論評は、中国の高度成長をもたらした鄧小平《とうしょうへい》による「改革開放路線」と正反対の、習近平政権の悪政の数々を羅列しながら批判していった。

①経済建設が中心の鄧小平路線から離反した「政治中心、イデオロギー中心」の政策遂行

が、中国国内のビジネス環境を悪い方向に変えた。

②「国進民退」の政策理念の下で独占的国有企業の肥大化を図る一方、民間企業や新興産業を恣意《しい》的にいじめ大きな打撃を与えたことは、中国民間企業家の投資意欲、経営意欲を減じた。

③対外的には鄧小平時代以来の実利外交・親欧米外交の方針に反して無意味な「戦狼外交」を推進し、米中関係・日中関係・中英関係・中欧関係・中韓関係など、中国にとり重要国との関係をことごとく悪化させた。

その一方、国内では反スパイ法を実施し、同時に対台湾軍事侵攻の準備を進めた。そうした振る舞いがせっかく中国が獲得した国際的ビジネス環境を壊した。それどころか、国際資本とサプライチェーンの中国離れを引き起こし、中国の対外貿易を潰した。

④論評はまた、習近平政権の現状について、鄧小平時代以来の「集団的指導体制」が破壊され、指導者に対する個人崇拝が復活し、幹部集団においては有能な人物が排斥される一方、媚《こ》びへつらうことだけのイエスマンばかりが重用され、結果的には経済政策の誤りをもたらしていると指摘した。

謎を呼ぶ言論弾圧下の香港での出来事

このようにして劉論文は、名指しこそ避けながらも、習近平と習近平政権の政治路線・経済政策・外交政策・人事路線などに対し全面的、かつ本格的な批判を行った。その上で、中国経済が危機的な状況に陥った大きな理由のひとつは、「習近平による悪政」にあるとの認識を明確に示した。

彼の現状認識と習近平批判はことごとくまともなものであって、まさにそのとおりである。ここで大いに注目すべきなのは、このような全面的、本格的な「習近平批判」が香港にいる中国人の評論家で、しかも香港の親中派・共産党政権擁護派の著名人によって行われたことである。それはある意味においては前代未聞、まさに画期的なことであった。

この背景には当然、劉氏論評の指摘したとおりの中国経済崩壊の危機があろう。

そして、いまや中国の一部となっている香港の〝親中界〟においても、現在の中国の経済情勢に対する危機感が未曾有のレベルに達していること、習近平政治に対する反発と危惧がすでにかなり拡大していることがうかがえる。

劉氏の習近平批判はむしろ、香港のエリート階層の共通した認識と危機感を代弁していと思われる。

もうひとつ摩訶《まか》不思議なことは、いまの香港は言論弾圧の面では中国本土とはまったく変わらない状況下、しかも習近平の秘密警察が跋扈《ばっこ》している状況下で、香港にいるはずの劉氏がなぜ敢然と習近平批判を行うことが可能だったのか？　これはまた、今回の一件の最大の謎でもある。

これに対する解釈のひとつは、「劉氏は憂国のやむをえない心情から我が身を顧みずに果敢な行動に出た」ことである。

そして、もうひとつの可能性として考えられるのはやはり、劉氏の背後に共産党政権内部の大物、あるいは一部勢力の存在があって、劉氏はその庇護を受けているということである。

もし後者であれば、共産党政権内で反習近平勢力が再び結集して動き出している可能性もあるが、今後における劉氏の動向および共産党政権全体の動向は要注意であろう。

COLUMN

不動産市場の「死」を告げた7月の実績数字

不動産大手の連鎖負債に打つ手なし

2023年8月になってから中国当局と国内研究機関が発表した、不動産市場の動向に関する一連の数字から、中国の不動産市場はすでに瀕死状態にあることがよく分かる。

7月31日、中国指数研究院は次のように発表した。7月、中国で「百強房企」と呼ばれる売上上位100位内の不動産デベロッパー大手の売上総額は前年同月比で34・1%減、前月比では33・8%減であった。

8月15日には中国国家統計局の発表がなされた。7月の全国商品房（物件）販売面積は7048万平米、前月比で46・1%減。売上高は7358億元、前月比で44・7%減だった。

不動産開発投資額については前年同期比で12・2%減、連続3ヵ月減少幅が10%超となった。

北京の鏈家研究院の発表によると、7月における上海市内での物件成約件数は487件で前月比で47％減、売上高は346億元でこちらも48％減にまで落ち込んだ。

一方、青島市の不動産研究機関である青島鋭理数据はこんな数字を示していた。7月の青島市内における新規住宅成約件数は4831件で、前月比70・28％減。成約面積は60・49万平米、前月比で69・1％減と目も当てられぬ悲惨なものとなっている。

これらの数字を目にすれば、中国の不動産市場が間違いなく「死」を迎えようとしていることがヒシヒシと伝わってくる。そして不動産市場の死は、中国経済の約3割をつくり出している不動産開発業の「死」をもたらすことになる。

2021年に大手デベロッパーの恒大集団の経営危機が露呈して以来2年あまり、中国の不動産経済は機能停止に追い込まれようとしている。

それは言うまでもなく、中国経済の大崩壊につながっていく。

第九章

誰でもいつでもスパイにされる中国

異例の米国務省による渡航再考勧告

中国では本年7月1日から、改正「反スパイ法」が施行されることとなった。今年4月に全人代常務委員会で「反スパイ法改正案」が可決されてから、それに対する国際社会の懸念が高まってきており、いま多くの人々が怯《おび》えている、この改正版天下の〝悪法〟は現行法として機能し始めているのである。

このような事態に対し素早く反応したのは、やはり米国政府であった。前日の6月30日、米国家防諜安全保障センター（NCSC）は、米国企業向けに「注意喚起文書」を発表した。

同文書は改正「反スパイ法」によるスパイ行為の定義拡大と定義自体の〝曖昧《あいまい》〟さを指摘した上、これにより外国の企業、ジャーナリスト、学者、研究者にとって法的なリスクにさらされる可能性があると警告した。

その一方、米国務省も6月30日付で中国に関する公式サイト渡航情報欄に、「国外移動の禁止や不当な拘束を含む現地法の裁量的な執行がなされる恐れがあるため、中国本土への渡航は再考すべき」との警告文を掲載した。中国本土のみならず、香港とマカオについても同様の警告を発した。

先の米国務省の中国に関する渡航情報欄において、中国への渡航を「再考すべき」、すなわちレベル3の勧告にしている。これはもっとも強い勧告のレベル4に次ぐ2番目のものである。戦争や大災害がとくに発生していない国への渡航再考勧告としては異例なものといえよう。

どうして米国はこのような厳重な反応を示したのか？　その理由はやはり、改正「スパイ法」が危険きわまりないもの、との一言に尽きる。

この劇薬的法律の正体はどういうものか。本稿においてはその全文を丹念にチェック、その上で危険すぎる条項の数々を吟味していくこととする。

スパイの適用範囲を限りなく拡大した追加条項

まず注目すべきは、法律の目的を定めた第1条だ。改正前の反スパイ法では、法律制定の目的は「国家の安全を守ること」と定められていた。しかし改正反スパイ法には、「人民の利益を守ること」が追加された。この追加事項は、改正反スパイ法の適用範囲を飛躍的に、いや、限りなく拡大した。

一般的に述べるならば、国家の安全より人民の利益という概念はかなり範囲の広いものと解釈される。

例えば、外国人が中国の市場で取引するために特定の国有企業に関する情報収集を行った場合、この国有企業が国防関連企業でない限り、その行為が国家安全を脅かすと解釈されることは通常まず、あり得ない。

しかし人民の利益に焦点を当てるとなると、その様相は大きく変わってこよう。人民の利益に無関係の国内企業は理論的に皆無であるからだ。中国企業に対するあらゆる情報収集は「人民の利益を損なったスパイ行為」だと解釈されてしまう恐れがあるのである。

改正前の反スパイ法の第2条は、この法律の基本理念を定めたものであった。改正後のそれには、「総体的国家安全観の堅持」が基本理念として追加されている。

総体的国家安全観とは習近平国家主席自身が持ち出したもので、政治、経済、文化、科学技術、資源エネルギーなど幅広い領域の国家安全を含む包括的な概念である。

つまり「国家の安全保障とは国防上の安全を指している」とする我々一般の通念とは違って、この包括的な概念においては、国家の安全保障が「政治安全」「経済安全」「文化的安全」「科学技術の安全」などの多領域に行き渡っている。したがって総体的国家安全観という概念はまるでサラダボウルの中身となったかの如く、政治や経済や文化や技術等々何でもかんでも、その中に入れられてしまうのである。

それが改正反スパイ法の基本理念に加えられるようになってしまった。このことで、この法律は一体どれほどの広い範囲でスパイ行為を〝摘発〟できるようになるのかは、我々の想像をはるかに超えてしまう。

改正反スパイ法を行使できる側の〝醍醐味〟

普段、中国の軍事情報や軍事産業情報を何らかの手段で取得するのがスパイ行為になることは、われわれ普通の人間でもよく分かっているし、そんなことでもしない限り、反スパイ法の対象にはならないだろうと考えている。

しかし、いまは違うのである。中国の軍事情報や軍事産業情報にまったくタッチしなくても、逆に中国の政治に関心を持ってそれに関する情報を収集するのも、中国経済の実態を知りたくてそれに関するデータを入手するのもすべてひっくるめて、中国の政治安全保障や経済安全保障を損なう行為だと〝解釈〟されてスパイ行為に認定されてしまう恐れがあるのだ。

また極端な場合、中国の芸能事情に興味を持って情報を集めたり、中国の映画に魅了されて俳優たちの私生活を探ったりするような行為も、「中国の文化安全保障を脅かす行為」として改正反スパイ法の摘発対象になるようなことも絶対ないとは言い切れない。

とにかく総体的国家安全観をタテにすれば、市井の人々にとっての日常的な行為である情報収集を、まさにスパイ行為として摘発できるのだ。それこそが改正反スパイ法を行使できる側の〝醍醐味〟であって、そのもっとも恐ろしいところなのである。

「人を見たらスパイと思え」の時代がやってくる

改正反スパイ法の第4条は、どんな行為がスパイ行為に当たるかを定義する、この法律の最重要な部分といえよう。

注目すべきは第4条の（3）である。ここでは、改正前にもあった「国家機密と情報に対する窃取・探り・購入・不法提供」が踏襲《とうしゅう》されている以外に、「その他の国家の安全または利益に関わる文書・データ・資料・物品に対する窃取・探り・購入・不法提供」もまた、スパイ行為として定義されている。

このように追加箇所において、改正反スパイ法の最大危険性が認められるのである。われわれの一般的な通念としては、スパイ行為とは当然、何らかの機密情報を取得することを指しているはず。どんな手段を使うのかは別として、国家の機密情報を入手するのは当該国家に対するスパイ行為であり、企業の機密情報を入手するのは言うところの産業スパイとなる。これらは一般的に理解されているスパイ行為の概念であって、おおむね妥当であろう。

逆に言えば、国家の情報であれ、企業の情報であれ、その情報が機密情報でない限り、あるいは一般に公開された情報である限り、その情報を取得することは当然ながら、スパイ行為にはあたらない。いくらなんでもスパイだと解釈されるようなことはない。それは自明の理だと言い切ってよいほど、世界の常識であろう。

ところが中国の改正スパイ法は、この世界の常識をもっとも簡単に壊してしまったのである。前述のようにスパイ行為を定義する第4条の（3）では、「国家機密と情報に対する窃取・探り……」と並んで、「その他の国家の安全また利益に関わる文書・データ・資料・物品に対する窃取・探り……」がスパイ行為だと定義されている。

その意味するところは何か。要するに、まったく国家機密でも何でもない情報の取得、あるいは文書・データ・資料・物品の入手がスパイ行為として認定されてしまう可能性があるということであろう。

しかしそれは、どれほど乱暴にして理不尽なスパイ定義なのであろうか。

機密情報でもない文書・データ・資料・物品というなら、政府の公式サイトで公表されている公文書や統計数字、書店で販売されている普通の雑誌・書籍、そして企業が宣伝のために発行している製品紹介のパンフレットもそのカテゴリーに入っているはずだ。

何らかの形でそれらのものを入手するだけで「それはスパイ行為だ」と糾弾されるなら、それはまさに、「人を見たらスパイと思え」のような地獄の世界そのものだ。企業や団体、個人による、ほとんどすべての通常のビジネス活動・購買活動がスパイ行為に認定されてしまう危険性が生じてくるのである。

そして前述のように、「人民の利益を守る」ことが法律の目的のひとつに定められて、政治・経済・文化・科学技術の多領域を含めた「総体的国家安全観」が法律の基本理念に追加されていることから、「スパイ行為認定範囲の無限拡大」はもはや避けられない。

その中では例えば、外国企業が中国でビジネスのために資料を収集したりデータを集めたりする行為は、前述の新しい定義からしては「スパイ行為」だと簡単に断罪することができる。

ましてや販促のために市場調査を実施したり、一般の中国市民にアンケートをとったりするような行為は、「人民の利益を損ない、中国の経済安全を脅かしたスパイ行為」として摘発されかねない。

極端な場合、ビジネスマンや観光客が中国国内で商品サンプルのひとつや刊行物の一冊を調達した場合にしても、当局がこのサンプルや刊行物を「国家の安全や利益に関わる」ものだと勝手に認定すれば、普通の購買行為までがスパイ行為にされてしまうのである。

吹き荒れる〝スパイ摘発の嵐〟となるのは時間の問題

本年7月1日からは、中国に滞在する日本人を含めた外国人全体において、誰でもどこでもいつでも、スパイとして拘束されたり摘発されたりする危険性が生じてくる。その一方、摘発する側の中国の国家安全要員たちにとっては、これほど都合の良い便利な法律はないだろう。

彼らによるスパイ摘発の根拠となる改正反スパイ法の下では、機密情報でもない情報を取るのをスパイ行為だと認定することができるのだから。

ということは、人民の利益や総体的国家安全観を振りかざしては、政治・経済・文化などのあらゆる領域でスパイ摘発ができることを意味する。彼ら国家安全要員たちはこれから、その気にさえなれば、国民の誰をも、あるいは中国にいる外国人の誰をも、いとも簡単に「お前はスパイではないか」と疑って拘束したり、取り調べをすることができるからである。

そうなると彼らの中からは、局内の昇進を見込んで手柄を立てるために、あるいは「績効」と呼ばれる公務員ボーナスの増額のために、この都合の良すぎる法律をタテにしてやりたい放題のスパイ摘発に精を出す局員や幹部が続出してくるのであろう。局内でスパイ摘発競争でも起きて収拾がつかなくなることもあり得る。いや、彼ら国家安全要員たちによる〝スパイ摘発の嵐〟が吹き荒れるようになるのは、もはや時間の問題であろう。

そして国家安全機関によるスパイ摘発の嵐と連携するのは、民間人によるスパイ乱告発に違いない。改正前の反スパイ法にはすでに、スパイ行為の通報・密告を国民に義務付ける第16条があった。改正後の法律にはさらに、通報・密告用の電話番号、メールボックス、ネットワークプラットフォームの開設と公開を、国家安全機関に義務付ける条文が追加された。

それは明らかに反スパイ人民戦争という名の全国民動員の通報・密告運動の定着化・制

度化を図ったものである。知ってのとおり、いまの中国は情報化社会となっていて、国民の大半はスマホなどの情報機器を所持している。中国人は誰でも、自分のスマホから電話一本、あるいはメール一本で他人に対する〝スパイ容疑〟を国家安全機関に通報することができるのである。

外国人が毒牙にかからないための唯一無二の方法

前述の16条にはまた、通報・密告者に対する表彰・報奨・保護の規定も付け加えられている。しかしその一方、なぜか〝ウソ〟の通報に対する咎《とが》め・懲罰を定める条項はまったく見当たらない。そうすると今後、どういう光景がこの中国で展開されていくのか、簡単に想像がつく。

まずは、報奨金目当てのスパイ通報が多発することとなろう。いまの中国ではただでさえ拝金主義が氾濫《はんらん》しているし、経済情勢がかなり悪化して失業者があふれている状況である。

こうした環境下で中国にいる外国人の一挙手一投足に監視の目を光らせ、何らかの疑いがあると思えば直ちに通報するような人は後を絶たないであろう。間違った通報をしても、どうせ咎めもないし、うまくいけば報奨金が手に入る。そんなうまい商売をやらない手はない、ということである。

次には、ライバル潰しや恨み晴らしや嫌がらせなどの動機による虚偽の通報・密告が多発することも予想される。日本企業を含めた外資企業を商売敵だとみなす中国の企業家、外資企業の中で外国人のボスや上司に恨みを持った中国人従業員、あるいは単に「あの日本人は気に入らん」と思う市井《しせい》の中国人、こういう人たちは喜んでスパイ摘発の要員となるのであろう。

もちろん、「スパイ摘発」で手柄を立てたい国家安全要員たちは、普段から首を長くしてこうした通報を待ち望んでいるに違いない。よほど幼稚にして出鱈目《でたらめ》な通報でない限り、国家安全機関がさまざまな通報に便乗してくる可能性は大なのである。

このようにして中国にいる外国人たちは、ある日突然まったく身に覚えのないスパイ容疑で取り調べを受けたり、拘束されたりするような事態が中国全土で発生するのであろう。

当然ながら、通報されて当局の取り調べを受けたとしても、まったくの無実で後日に釈放される被害者もいるであろう。

しかし、中国の国家安全機構によって数日間、あるいは十数日間拘束されて取り調べを受けただけでも、時間のロスもさることながら、それをやられた本人たちにとってはまさに恐怖の体験であって大きな精神的な苦痛をともなうものである。

そして取り調べを受けた人々の一部はおそらく、無実であってもスパイに認定されて罪を問われるケースもあるだろう。これでは一巻の終わりなのである。

とにかく2023年7月1日後の中国では、「誰でもいつでもスパイにされる」という恐ろしい時代が始まったわけである。

もちろんだからと言って、日本人を含めた在中の外国人の全員あるいは大多数がいっせいにスパイ摘発の取り調べを受けるようなことはない。問題は、中国にいる外国人であれば誰にでも、スパイとして通報されたり摘発されたり、そして秘密裁判にかけられたりする危険性が生じてきていることである。

しかも本章において詳しく分析した「改正反スパイ法」の内容から推察すると、中国にいる外国人は「こうすれば大丈夫であろう」と思って我が身を守る方法を探ろうとしてもあまり意味はない。

改正反スパイ法の危うさはすでに、個人レベルで対処できる域をはるかに超えている。いくら気をつけても、改正反スパイ法の毒牙にかからない保証はまったくない。日本人を含めた外国人にとって中国に行かないのが結局、この天下の悪法から身を守るための唯一無二の万全の方法となるであろう。

COLUMN

スパイ発見マニュアルをゲット「こんな人がスパイだ！」

先に本年7月1日から改正版反スパイ法が施行されたと申し上げた。その第16条にはこう明記されている。

「いかなる個人又は組織も、スパイ行為を発見した場合には、直ちに、公安機関その他の国家安全機関に通報しなければならない」

実は中国政府内部において、スパイを見極めるためのマニュアルを配布しているというウワサが流れていた。

8月末に筆者は知人から当該マニュアルがネットに短時間だけ漏れていたと伝え聞き、さまざま手を尽くして落手したので、ここで記しておきたい。

例えば、どういうタイプの人物をスパイだと疑ってかかったらいいのだろうか？

まず挙がっていたのが、中国国内で利用するネットタクシー。流しではなくネットで予約して乗るタクシーのドライバーが怪しいのだそうだ。そのドライバーがかなりおしゃべり好きで政治問題、経済問題についてよく聞いてきて、こちら側の意見を聞きたがるのであれば要注意らしい。

あるいはネットで知り合ったり、ネットでのみ交流する仲間が、あるときリアルの会合の場で意気投合して急に盛り上がるならば、その人物はスパイかもしれないのだとか。

さらに、こんなひどいことが載っていた。身元がよく分からないような恋人ができたら、その人もスパイかもしれないと書かれてあった。

あるいは友達をこしらえることに、ことのほか熱心な外国人も怪しいとも。中国にやってきて積極的に接近してくる外国人など当たり前にいるのに、そういうのも疑ってかかれとある。

あるいは軍事問題に詳しくて、すぐに軍事を話題にしたがる人物は怪しいとも挙げている。

でも、ここまでスパイ候補に挙げられてきたタイプの人たちは、われわれの周囲にいる市井の人たちなのである。

このマニュアルにしたがうと、中国人の周りはスパイだらけになってしまうし、知人をスパイと疑っている本人もスパイ扱いされてしまうかもしれない。

これで中国はますます〝疑心暗鬼《ぎしんあんき》〟の社会になっていくのであろう。

悪いことは言わない。もう日本人は中国に住むのはもちろんのこと、中国に行くこともやめようではないか。

第十章

お笑い芸人が受けた凄まじいバッシングと懲罰

本格的な暗黒・文化警察の発足

本年5月30日、東北地方の黒竜江省「文化と旅行庁」の公式サイトで掲載された一通のニュースが全国で注目を集めた。

同省の佳木斯《ジャムス》市で「黒竜江省・文化市場総合執法隊・制服着用式典」が執り行われた。

文化市場総合執法隊とは、習近平政権2期目の2019年に中国各地で設立された新組織。各地方の共産党宣伝部と政府機関「文化と旅行庁」の〝二重指導下〟で活動するものである。

各地の「文化と旅行庁」の公式サイトによると、総合執法隊の役割は、「文化、文物、新聞出版、版権、ラジオ・テレビ、映画、旅行市場、宗教などの分野において、政府が有する行政検査権、行政強制権、行政処罰権を行使する」ことにあるという。

つまり、総合執法隊は政府機関のひとつとして、幅広い分野に対する検査・強制・処罰の権限を持つ組織で、さしずめ〝文化警察〟なのである。

各地の総合執法隊は設立以来、習近平政権の文化統制、文化弾圧の実行部隊としての役割を果たしてきた。

最近における活躍例は、本年5月17日に起きた、お笑い芸人の李昊石《りこうせき》(芸名ハウス)氏に対する弾圧であった。以下はその経緯である。

会場の笑いをとった習主席のお言葉

本年5月13日、お笑い芸人の李昊石(芸名ハウス)は北京市内の劇場で行ったトークショーで、中国人民解放軍に関係するフレーズを使って笑いをとった。そして、そのことで当局から凄まじいバッシングと懲罰を受ける事態となった。

李はトークショーで、最近自分が野良犬2匹を保護して里親となったことを話していた。その2匹の犬がものすごい勢いでリスを追いかける姿を目にしたとき、「仕事ぶりが優れ、戦いに勝てる」との言葉が脳裏に浮かんだと語ったところ、満場からの大笑いを誘った。

実は、「仕事ぶりが優れ、戦いに勝てる」というのは習近平国家主席が解放軍に贈った評価の言葉として中国国内ではよく知られている。テレビや新聞などが繰り返してそれを宣伝した結果、このフレーズはいまや解放軍を語るときの〝定番〟の言葉として全国に広がり、一般人にもかなり耳慣れた言葉となっていた。

お笑い芸人の李はそれが分かっているからこそ、「2匹の野良犬がリスを追う」という奇妙な話を持ち出して、習主席発の〝厳《おごそ》かなお言葉〟を茶化して、それを野良犬に使ったことで笑いを誘おうとしたのだ。その一方、会場の聴衆たちもそれを充分承知しているから会心の大笑いをした。

こうしてみると、李はやはり確信犯的に習主席と解放軍を小馬鹿にしたと思われる。つまり彼はここで、厳かなものの茶化しによって笑いをつくることに成功したが、満場の聴衆たちも「神聖にして犯すべからず」の習近平と解放軍が小馬

芸名ハウスこと李昊石さん

鹿にされたことで快感を覚え、この場の笑いが成立したわけである。

しかも中国文化の中では、犬というのは「人に媚びる卑しい動物」とのイメージが付きまとっているから、人を犬にたとえることは相手に対する無上の〝侮辱〟としても捉えられる。したがって、習近平が解放軍に贈った言葉を犬に使ったという李のジョークは、習近平と解放軍の両方に対する侮辱であるとも理解できよう。

2億6000万円の罰金とギャラ没収と上演禁止処分

昨秋の党大会以来、習近平絶対個人独裁体制が確立された状況下において、李が仕掛けたこの満場一致の笑いは、習近平政治に対する一種の嘲笑でもあり、〝笑い〟という形でのささやかな政治的反抗であると捉えることはできる。

もちろん李は、このトークショーの中で「習近平」「解放軍」という固有名詞を一切使わずにして、かなり巧妙な政治的反抗を行ったとも見られる。

しかし、このささやかな政治的反抗に対し、政権側の反応、さらに反撃は実に苛烈《かれつ》なものであった。

北京市当局は5月17日に談話を発表し、李の13日の講演について「人民解放軍に対する重大な侮辱に相当する筋書きが含まれており、社会的悪影響を引き起こした」と断定した。続けて、「首都の舞台で企業や個人が人民解放軍の輝かしいイメージを気まぐれに中傷することは許さない」と強調した。

同日に北京市当局は、李が所属する大手芸能会社の子会社に対し、日本円にして2億6000万円相当の罰金の支払いを命じる一方、李が問題の講演から得た利益を全額没収と発表した。加えて、同社グループ全体の北京公演・上海公演も一切禁じられることとなった。

李自身は無期限の活動停止の処分を受けたほか、公安当局は彼に対する捜査を始めたと発表した。李の身柄はすでに拘束され、懲役を含めた重い懲罰が科されることは必至のことである。

人民日報などの宣伝機関も一斉に論評を発表し、李の言動を「解放軍への侮辱」だと糾弾、「絶対に許せない」との論調を展開した。一方、お笑いや芸能界の中の「有害思想」に対する監視や取り締まりの強化を訴えた。

ネット上でも、有害思想に対する徹底的な掃討作戦の展開を求める声が広がった。環球時報前編集長の胡錫進《こしゃくしん》が自らの微博で「李昊石が自らの過ちを認識して改心すれば、再生の道を残してやるべき」との同情論を展開したところ、ネット上で総スカンを食らって前言撤回、謝罪に追い込まれる事態も発生した。

5月16日は、毛沢東時代の文化大革命が発動された記念日でもあった。その前後で起きたいわゆる「李昊石事件」と政権側の激しい反撃は、結果的には「文革の再来」を予感させるものとなって、全国で大きな波紋を呼んだ。

以上の一件で、一躍勇名？　をとどろかせたのは本章冒頭で記した北京市文化市場総合執法隊であった。実はその直後に本文冒頭に記した「北京市文化市場総合執法隊制服着用式典」が執り行われたのである。執法隊は今後、制服を着用してより本格的な執法活動を行うこととなった。

そして北京の制服着用を皮切りに、各地でも制服着用が始まった模様である。すでに中国各地で執法隊が設立して4年が経過したいまになっての制服着用は、何を意味するのか。

一定の試運転期間を経て、文化市場総合執法隊が本格的に稼働、中国が本格的な暗黒・文化警察の時代を迎えるのである。

COLUMN

習近平がベストセラー作家になっている切実な理由（その1）

9000万人以上の党員が読者

本年6月下旬の中国では、書物に関連する二つのニュースが注目を集めた。

ひとつは27日、前北京市国有資産管理監督委員会主任の張貴林《ちょうきりん》が党籍を剥奪《はくだつ》された上で公職から追放されたことを、北京市共産党規律検査委員が公表したことであった。

この一件で注目されたのは、規律検査委員会が発表した厳重処分の理由。収賄などの定番の問題以外に、張氏の罪状として一番目に挙げられたのが実は、「厳重なる政治問題のある書物を所蔵し、閲覧」したことであったことだ。

ただし彼が一体どのような書物を所蔵し閲覧したのかは不明である。よく考えてみれば、厳重なる政治問題のある書物の定義はまったく曖昧なものであって、線引きは釈然としない。

共産党独特のイデオロギー支配下では、党公式刊行の書物でない限り、一冊の本を「政治的問題のあるもの」だと認定するのは実に簡単なことである。

とにかくこれでは、いまの中国共産党の幹部たちに一冊の本を選んで読む自由もなく、問題のある書籍を所持しただけで党籍剝奪という政治的死を意味する厳重な処分も受けなければならない。

一党独裁体制の中では、支配集団の一員であるはずの共産党幹部も結局、厳しい思想統制の対象とされている。

その一方、共産党員と幹部たちはいま、ある種の特別な読書を強制されている。それは習近平著作をうやうやしく拝読することである。

6月23日、中国出版媒体商報は6月前半の全国の図書ベストセラーランキングを発表した。ベストセラーの第1位から第6位を占めたのはすべて『習近平著作選読』などのいわゆる〝習近平もの〟であった。

そして上位10位のうち、習近平主席の著作は実に8点も入っていた。

どうやらいまの中国では、習主席こそが天下一のベストセラー大作家となっているようなのだ。当然ながら、それらの大作は彼自身の手で書かれているとは誰も思わない。

さらに主席の本が本屋で飛ぶように売れるのは、国民の多くが熱狂的に買い求めたことの結果であると思う人は、この中国にまずいない。

　本年5月24日、『習近平著作選読』の第一巻と第二巻が刊行されたとき、共産党政治局常務委員、習主席側近の蔡奇が座談会を開いた。その席で彼は、「習主席著作の学習はもっとも重要なる政治的任務」だと強調し、共産党員全員に主席著作の精読・熟読を呼び掛けた。

　それ以来、９０００万人以上の党員たちによる主席著作学習運動と買占めが中国全土を席巻することとなった。

第十一章 沖縄県知事の中国接近を憂う

異例だった玉城知事の訪中先での会談相手

本年7月3日から6日にかけて、沖縄県の玉城デニー知事は河野洋平訪中団の一員として中国を訪問した。その間、彼は代表団の公式行事に参加する以外に、沖縄知事としてさまざまな単独行動をとった。

まずは4日午後、玉城知事は北京市通州区にある「琉球国墓地遺址《いし》」を訪問した。墓地は中国の明清時代、北京滞在中に病死などで亡くなった琉球人のものである。玉城知事は沖縄から持参したヒラウコー（板状の線香）を立てて参拝し、「中国と沖縄のつながりをしっかり結んでいく」との意思表明を行った。

そして中国メディアが報じたところによると、玉城知事は中国報道陣に対し、自分の持参した線香は「日本本土のものではなく、昔中国から沖縄に伝わったもの」だと説明したという。

7月6日、玉城氏は沖縄知事として福建省福州市を訪問した。福州市では、明清時代において中国へ貢ぎ物を献上するため、派遣された琉球人らが拠点としていた「琉球館」を視察。それに先立って、共産党福建省委員会の周祖翼《しゅうそよく》書記が玉城知事と会談し、会談には福州市党委員会の林宝金《りんぽうきん》書記も同席した。

人民日報記事によると、周書記は会談の中で福建省と沖縄の交流史に触れ、「習近平国家主席が福建省トップを務めた時代に沖縄との交流を重視し自ら促進した」と述べた。

それに対し玉城知事も「沖縄と福建省との交流は長い歴史を持ち、今後も交流を促進したい」と返した。

会話の内容はともかく、実はこの会談自体は〝異例〟なものであった。

本来、玉城知事のカウンターパートは福建省の省長であって、共産党福建省委員会の周書記ではない。地方の超大物である共産党委員会の省書記が日本の県知事と会談する光景は、やはり異様に思われるのである。

以上のように玉城知事は今回の訪中において、北京郊外の琉球人墓地遺址を訪問したり、福州市にある琉球館を視察したりして、ことさらに琉球と中国の関係性を強調した。

そして福建省の共産党書記を相手に、沖縄と福建との交流を語り合ったりもした。かなり風変わりな中国訪問ではあったが、その背後にはやはり、中国の習近平主席が直近で行った「琉球発言」との関連性があるのではないか。

琉球文化は中華文化の一部なのか？

本年6月4日付の人民日報は一面において、6月1日に歴史資料を収蔵する北京の中国国家版本館を視察した際の習近平国家主席の発言を伝えた。

「自分が福州市のトップを務めたときに、福州市には（琉球の人々が滞在していた）琉球館があり、琉球との付き合いが深いことを知った」

続いて、14世紀に中国から琉球に渡来した職能集団「久米三十六姓」にも言及した。

中国の国家主席として自国の歴史資料館を視察したのに、なぜ琉球の話を持ち出したの

久米三十六姓（くめさんじゅうろくせい）1392年に明の洪武帝より琉球王国に下賜された中国人職能集団、およびその後300年間にわたり渡来した人々の総称。

か。何の文脈もなく飛び出たこの異様な発言の真意を解く鍵は、翌2日に開かれた「文化伝承発展座談会」で行われた習主席自身の「重要講話」にあった。前日の視察はこの重要講話を行うための準備であったと思われる。

彼がこの講話で語った目新しいポイントは、中華文化の〝統一性〟をことさらに強調したところだった。

この文化的統一性により中華民族および各民族が文化的に一体化しており、国家の統一もこれによって保たれているというのである。

このような論調から習主席が講話の前日の視察で、一見何の脈絡もなく琉球の話を持ち出したのは決して偶然ではないことが分かるであろう。つまり彼は、琉球は文化的には統一された中華文化の一部であると言いたかったのではないか。

この発言を受けて6月12日、中国社会科学院中国歴史研究院の李国強《りこくきょう》副院長は国内放送のテレビ番組で次のように語った。

「琉球王国は中華文化圏の中にあって、中華文化の影響をもっとも深く、もっとも広範に、もっとも長期的に受けた典型的な代表だ」

それは明らかに習主席の言わんとすることを補完しており、「沖縄は中華文化圏にあって文化的には中国の一部」だと主張しているものである。

前述の文化伝承発展座談会の司会を担当した蔡奇・共産党政治局常務委員は、習主席の重要講話について、「党と国家事業の発展の全体戦略の高みに立ったものであり、強い政治性と思想性、戦略性、指導性を持つ」とも述べた。そして文化をテーマとするこの座談会に、国務委員兼外相の秦剛氏も出席していた。

つまり習主席は、この座談会で文化や文明について何かを語ったわけではない。「文化」というテーマを借りて中国の国家戦略、あるいは国際戦略を語ったわけである。

習政権発足直後からスタートしていた沖縄をめぐる心理戦

実はいまから10年前の2013年5月、共産党機関紙の人民日報は尖閣《せんかく》問題を論じる文章を掲載した。その中での主張は、尖閣問題との関連性において沖縄の〝帰属問題〟についても議論すべきだというものであった。

それは国際法の視点から沖縄の帰属について問題提起を行い、中国と琉球王国は宗主国と藩属国という冊封関係であり、琉球を日本に統合した琉球処分は不当なものだったとする論調を展開していた。

2013年5月といえば、習近平氏が国家主席になった2ヵ月後のこと。この論文の掲載は、スタートしたばかりの習政権がすでに沖縄の帰属問題を視野に入れて〝法律戦〟展開の準備を始めたことを意味する。

そして今回の習主席の発言は、琉球がそもそも統一されている中華文化の一部だと主張することにより、日本と沖縄に対する心理戦を展開し始めたことを意味するのであろう。沖縄は文明的文化的に中国の一部だと示唆することによって、日本と沖縄の両方に揺さぶりをかけ、離間させようと試みたわけだ。その上で、沖縄人の帰属意識を中華文化へと〝誘導〟しようとしたのである。

そして、このような習近平発言の文脈からこそ、沖縄の玉城知事が中国訪問中に行った一連の言動の意味が分かってくるのであろう。

前述のように、玉城知事は琉球人墓地を訪問した際、持参してきた線香について「これは日本のものではなく中国から伝来のものだ」とわざわざ説明した。そして福州市にある中国への朝貢の拠点である琉球館を視察した。

それらの言動はいずれも、琉球＝沖縄は文化的には中華文明圏の一部であることを強調し、沖縄をめぐる習近平の文化統一論に〝迎合〟して擁護するものではないのか。そしてそれは事実上、習近平の仕掛けた心理戦に対する〝援護射撃〟にもなるのである。

玉城知事が福建省を訪問した際、福建省の省長ではなく、省共産党書記が会談に出た意味もこれで分かるのであろう。

経済交流や貿易などを主管する省長とは違って、各地方の共産党書記はその地方における党中央の対外工作の一翼を担う存在である。福建省の共産党書記はまさにこの対外工作の一環として玉城知事と会談したのであり、玉城氏はそのまま、彼らの対外工作の対象となっているのである。

こうしてみると、異例の習近平琉球発言から1月後、沖縄県知事が中国を訪問して中国と琉球を大いに語ったことは、やはり無関係の出来事ではない。

習主席が言及した琉球館を、玉城知事が実際に視察しに行ったのも偶然であるとは思えない。琉球に関する習主席の発言と、同じ琉球をめぐる玉城知事の一連の言動との間には、事前に仕組まれたような〝連携プレイ〟の痕跡がはっきりと見られたのである。

そうであれば、このような危うい連携プレイは中国の思惑どおり、沖縄の日本離れと中国接近につながる危険性は否定できない。それこそ沖縄県民を含めた日本国民全員が警戒すべきところであろう。

COLUMN

習近平がベストセラー作家になっている切実な理由（その2）

文革時代の思想洗脳運動の再来

本年5月末、中央と各地方の大小の党組織が一斉に公費による習国家主席著作の購入を始めた。結果、主席著作が6月前半の全国的ベストセラーの上位を独り占めするという天下の奇観《きかん》が見られた。

滑稽《こっけい》にも見えるこのような現象を目の当たりにすると、かつての文化大革命を体験した中国人は〝既視感〟を覚えるであろう。その時代、4巻からなる『毛沢東選集』の累計印刷部数は億単位に上り、その縮小版の『毛沢東語録』は、印刷部数が推定9億部以上、『聖書』に次ぐ世界でもっとも売れた本となったのである。

その一方、中国古典を含めた古今東西の有益な書籍のほとんどが禁書にされ、それらを読んだだけで逮捕されるという狂気の時代が訪れた。国民から一切の思考力を奪って全員を「毛沢東思想の奴隷」に改造していくのが、その狙いであったのだ。

しかし誰が予見できたことであろうか。文革時代の思想洗脳運動の狂気がいま、習近平政権の下で見事に復活してきていることを。

現在、運動の対象となっているのは共産党員であるが、その猛威が全国民に及んでくるのはもはや時間の問題だ。

習近平終身独裁政権の下、中国という国は暗黒の時代へと突入しているとしか言いようがないではないか。

第十二章 習近平G20欠席の本当の理由

中国国内からも政権批判の狼煙

本年8月27日、中国国家発展改革委員会の公式サイト「中宏網」は、「40年来の未曽有の外部環境の悪化に直面し、中国崛起《くっき》への情熱に再び燃えよう」と題する論評を掲載した。執筆者は中国人民大学重陽金融研究院執行院の王文《おうぶん》院長。名門大学の一員であり、いわば中国国内の体制内の御用学者なのだが、今回は冒頭から、中国と米国との競争や中国を取り囲む国際環境についてきわめて厳しい認識を示した。

まず米中両国の経済競争について、こう分析した。昨年までの40年間、中国の経済成長率はずっと米国のそれをリードしてきたが、本年においてはそれが逆転される可能性が高い。その一方、一時縮まった米国と中国とのGDPの格差は、この数年間でむしろ拡大の方向となってしまった。

次に彼は、外資による中国投資の減少と、世界のサプライチェーンの中国からの大移転に注目した。本年上半期において外資から中国投資が激減した一方、多くの世界企業は生産拠点を中国からインドやベトナムに移転していった。

それほど大規模的、集中的なサプライチェーンの中国離れはこの40年来、見たことがなかった。彼はそんな危機感を示した。

それはそうだろう、外資企業がわれ先に中国へ投資を、進出をと争っていた2000年代前半とは真逆の環境となってしまったのだから。

さらに王文院長の論評は中国を標的とした国際政治の〝大変化〟を次のように分析してみせた。

近年来、ファイブアイズ（英連邦情報網）、クワッド（日米豪印4ヵ国連携）、オーカス（米英豪連携）などの対中国多国間連携や軍事パートナーシップが次から次へと結成されてきた。その一方で筆者が本書でも説いてきたが、本来は西欧の軍事同盟として機能してきた

NATOもアジアに目を向け、さらには米日韓の3ヵ国も対中国の連携を強めている。

ここで王文院長は「これでは中国を封じ込めるための完全なる包囲網はすでに出来上がっているのではないか」と示しつつ、こうも促している。

現状に対する冷静な認識が必要であり、我々はより長期的な視点から現実的かつ巧みな対策を講じるべきである、と。

この論評からすくい取れるものがいくつかあると、筆者は感じた。

ひとつには、このところの習近平政権が自信過剰から展開してきた短絡的、傲慢な〝戦狼外交〟に対する批判が暗に含まれていると思われるからだった。

その具体例は枚挙にいとまがないけれど、最近での極めつきは、8月28日に中国の自然資源省が公表した新たな地図「標準地図」であった。

大づかみに言うと、この中国政府が公表した標準地図を見ると、中国がアジア各国と領有権をめぐり対立している係争地がすべて中国の〝領土・領海〟として記されている。これには呆れ果てるばかりであった。

各国の反応は以下のとおり。

南沙諸島を中国領とされたフィリピン「この中国の試みには国際法上、何の正当性もない。妄想だ」

南沙・西沙諸島を中国領とされたベトナム「明らかにわが国の主権を侵害している」

南シナ海における中国の主張に対するマレーシア「あまりに一方的で認めるわけにはいかない」

南シナ海での偶発的な衝突を回避するための行動規範策定（ＣＯＣ）に努力してきたインドネシア「一方的な領有権の主張はＣＯＣ交渉を暗礁に乗り上げさせる」

そして、その前週にＢＲＩＣＳサミットにおいて習近平国家主席とモディ首相が会談を行ったインド「中国側の主張には根拠がない」

中国が「標準地図」で管轄権を主張する海域

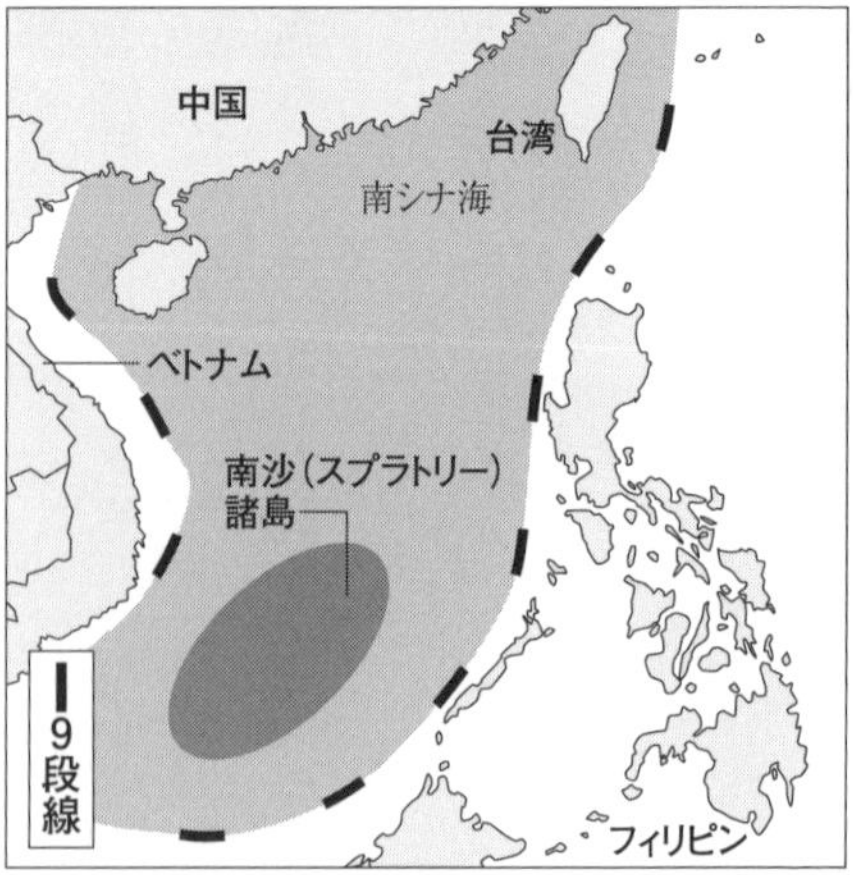

このように周辺各国は中国への不信感をつのらすばかりであった。

どうやら先に取り上げた香港の要人・劉夢熊に続いて中国国内からも、より遠回しな言い方とはいえ、中国の外交的孤立や経済危機を招いた習近平政治に対する批判の狼煙《のろし》が上がったことを報告しておきたい。

檜舞台から受難の場に様変わりしたサミット

本年9月9日から始まった「G20サミット」を中国の習近平国家主席は欠席した。実は習近平は2013年3月に国家主席就任以来、コロナ禍によるオンライン参加の2回を含め、欠かさず出席を重ねてきた。ということは、今回の欠席はきわめて異例ということになろう。

その理由について各メディア、SNSなどでさまざまな憶測を呼んだ。一部では「健康上の理由ではないか」との声も上がったが、それは違った。

9月8日、中国中央テレビが7日に大雨被害を受けた中国東北部・黒竜江省の尚志《しょうし》市を習主席が視察したニュース映像を流しており、画面から彼の体調がおおむね良好であることが確認されたからである。

ではG20サミット欠席の真の理由とは、何だったのか？

それを探るのには、G20サミットという首脳会議の性格から考察すべきかもしれない。

あらためてG20の正式名称をあたってみると「金融・世界経済に関する首脳会合」ということで、基本的には世界経済がメインテーマの会合なのである。

世界のGDPの8割以上を占める19ヵ国プラスEU首脳が参加する、国際経済協調を第一とするフォーラムという建前が掲げられている。

習近平国家主席はこれまで10回にわたりG20サミットに出席し、毎回、重要講話を行ってきた。中身のテーマは必ず世界経済で、さまざまな経済政策あるいは提言を示してきたのであった。

例えば初登場の2013年G20サミット以来、以下のとおりの講話を行ってきた。

2013年　開放型の世界経済を共同で維持・発展せよ
2014年　創新を増進させ、連結的成長を実現させよう
2015年　成長の新しい道を開き、発展の成果を共に享受せよ
2016年　活力と包容力のある世界を構築する

２０１７年　世界経済発展の正しい方向性を把握する
２０１８年　前年と同じ
２０１９年　手を携えて高品質な世界経済をつくり上げよう

このように２０１３年から２０１９年のG20サミットまで連続7回、習主席は一貫して経済をテーマに講話を行ってきた。高度成長期にあった中国経済の〝好調〟を背景に、いわば大所高所から世界経済のあるべき姿や方向性を論じ、世界経済をリードしていく大国指導者を〝演じて〟見せていた。

つまり習近平は自身をアピールする場として、G20サミットを最大限利用してきたわけである。

それこそが彼がG20サミットに連続して参加してきた最大の狙いであって、もう一度言うが、世界をリードする大国の指導者を演じるための〝檜舞台《ひのきぶたい》〟であったのだ。

しかしながら中国発のコロナ禍が始まった２０２０年G20サミットにおいて、習近平講話はさすがにテーマを経済から外し、コロナ対策を語るものとなった。

そして2021年、2022年、恒大危機を発端《ほったん》に中国経済が苦境に立たされると、習近平講話はますます経済から離れていくことになった。

2021年　団結して未来を共につくろう
2022年　時代の挑戦に立ち向かって良き未来を共創せよ

要はきわめて抽象的な中身スカスカの内容になってきたのだ。
こうした経緯から、習近平が本年のG20サミットを欠席した最大の理由が浮き彫りとなってきた。

ここでも逃げの一手

本書においても中国経済の惨状をいくつも取り上げてきたが、本年7月、8月はそれまで以上に悪化速度に歯止めが掛からぬ状況になってきた。習近平本人の目の前で、経済崩壊が起きているのだ。

国内経済が未曾有の厳しい状況に置かれる中、習近平には「金融・世界経済に関する首脳会合」としてのG20サミットに出席し、世界経済云々を語る資格はない。それどころか、中国経済の崩壊と彼の失敗について釈明、説明を行わねばならない立場に立たされる可能性があった。

「あなたはどうやって中国経済を潰したのか?」

各国首脳からそんな追い詰められ方をするかもしれない。G20サミットが檜舞台から受難の場に様変わりしてしまった格好である。

習近平が国内でも経済問題から逃げ回っているのと同様、国際舞台でも絶対に晒《さら》し者になりたくない。その一心のみ。これが今回欠席の最大の理由であろう。

そして習近平が今回のG20サミットから逃げたもうひとつの理由は、先にも記した最近中国政府が発表した「標準地図」問題でビビッていたからと思われる。

中国政府はインドの領土の一部(ヒマラヤ地域)を中国の版図に勝手に入れてしまったことで、インドを大いに怒らせてしまった。インドのモディ首相は中国との領土紛争で一貫して強硬な立場をとっており、わが国の岸田総理とはわけが違う。

そこで習近平にとって大いなる心配事が発生した。インドで開催される9月のG20サミットに出席したら、議長国のモディ首相から冷遇され、習近平の権威にかかわる事態が起きて、メンツを失う恐れがあった。だからインドで開催されるG20サミットには行かないほうがいいと判断したのであろう。

いずれにしても習近平という自己中心にどっぷり浸かる指導者にとって、外交の場とは中国の国益を図る機会ではなく、先に申し上げたように、もっぱら自分自身の権威を高め、大国指導者を演じるための晴れ舞台でしかないわけである。

それができないとなると逃げる。あるいは自分の権威やメンツを損なう恐れがあると逃げる。逃げることが中国の外交的損失であることを百も承知の上で、彼はそこから逃げる選択をする。このように習近平は、中国にとって実におめでたい指導者なのである。そう言っておこう。

恥をかきまくった中国外交

本年9月9日、10日、年に一度の主要20ヵ国・地域首脳会議（G20サミット）がインドで開かれ、欠席の習近平国家主席に代わって、李強首相が出席した。G20サミットが始まって以来、中国の国家主席が臨まず、首相が代役を務める事態となった。

会議中、李強首相は公式会議に参加し演説を行った以外に、英国首相、EU首脳と会談、バイデン米大統領に接近して非公式の接触を試みるなど、一連の首脳外交をこなした。

しかし結果的には2日間にわたるG20サミットは、中国と不在の習近平国家主席にとっては〝外交的敗戦〟の場となった。

英フィナンシャル・タイムズ（電子版）は9日にこう報じた。

「中国はG20サミットの共同宣言をめぐる事前協議の場で、米国が2026年G20サミットの議長国を務めることへの反対を表明、米国の議長国就任に関する記述の削除を求めた。しかしながら英国など西側諸国が反対し、中国側の試みは失敗に終わった」

それにしても中国の振る舞いはおかしい。

本来、G20サミットの参加国が順番で議長国を務めるのは最初からのルールであって、米国はこのルールに則って2026年の議長国になるのは当然のことなのだ。それに対する中国の反対は、まったく意味不明の難癖以外何ものでもない。改めて、G20サミット参加国の面々は中国の異常さを再確認したはずである。これがひとつ目の失敗。

二つ目の失敗の起点は、G20サミットに先立って9月6日にインドネシアで開かれた日中韓・ASEAN首脳会議にさかのぼる。

中国から参加した李強首相は、8月24日から海洋放出を開始した東京電力福島第一原発の処理水を「核汚染水」だと表現し、日本に対する非難を展開した。岸田首相との立ち話において、「処理水は安全だ」との岸田首相の説明に対して、「人々の健康に影響する」と反論、頑《かたく》なな姿勢に終始した。

ところがG20サミットのあらゆる場面で、李強首相は処理水問題には一切言及しなかった。インドネシア会合での好戦的態度からわずか数日後、180度の姿勢転換であった。

この豹変ぶりの背後には何があったのか？

最大の要因は、岸田首相が一連の国際会議で処理水の安全性をアピールし、中国以外の各国の理解を得たことであろう。それ以降、中国の主張に同調する国はほとんど現れなかった。けれどもASEANの中には、カンボジアなどチャイナマネーなしにはにっちもさっちもいかない国もある。こういう属国的なところは中国の顔色をうかがうのは致し方ないところか。

しかし、さすがにG20サミットになると、中国の嘘八百とも言える主張に賛同する国は出そうもない状況だった。つまり、誰も相手にしてくれなかった。李強首相は結局、インドネシアで上げた日本非難の拳を、インドのニューデリーでひそかに下すしかなかった。

こうして一連の国際会議における中国の「処理水難癖プロジェクト」は失敗に終わった。これが二つ目の失敗である。

G20サミット開催中、李強首相はイタリアのメローニ首相と会談の場を持った。李強首相は「イタリアとの協力水準を高め、二国間貿易を拡大したい」（人民日報記事）と強調した。かねてより「一帯一路」からの離脱意向を示しているイタリアに〝再考〟を促した格好であった。

米国のブルームバーグ通信によると、メローニ首相はこの会談において一帯一路から離脱する意思を中国側に非公式に伝えたとされる。現在のところ、前述のブルームバーグ通信の報道に対して、両国とも否定をしていないところから事実であろう。

イタリアはEUの中で一帯一路に参加している唯一の国、その離脱は習近平肝煎りの一帯一路にとって大きな痛手となるに違いない。これが三つ目の失敗であった。

さらに9月9日、G20サミットでは一帯一路が危機的な状況に陥りかねない巨大プロジェクト構想が発表された。

これは米国、インド、中東、EU（欧州連合）の指導者らが合意した欧州・中東・南アジアを結ぶ多国間鉄道・港湾構想であり、「IMEC（インド・中東・欧州経済回廊）」と命名された。IMECに関する覚書はEU、インド、サウジアラビア、アラブ首長国連邦（UAE）、米国、その他G20パートナーにより署名された。

覚書によると、IMECはインドとアラビア湾を結ぶ東側回廊と、アラビア湾と欧州を結ぶ北側回廊の2回廊で構成されるという。

インド・中東・欧州経済回廊構想

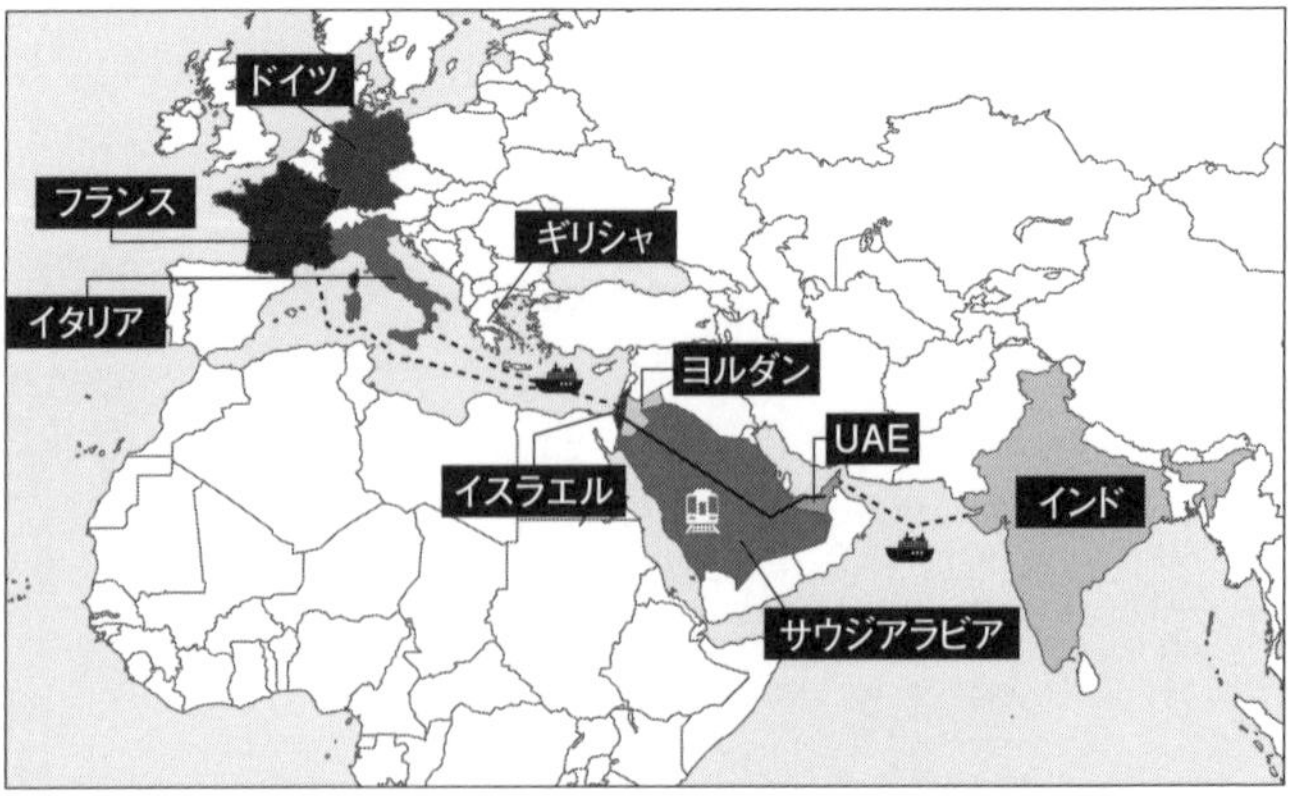

考えてみれば、これが実現すると中国の一帯一路を中央突破することになるわけで、確実に一帯一路を台無し、骨抜きにしてしまうのであろう。

各国による中国に対する不意打ちともいえる。不参加の習近平にとっては〝青天の霹靂《へきれき》〟だったにちがいない。

秦剛前外相と酷似する李尚福国防相の失踪状況

さらに中国の迷走は続いた。

9月14日、英フィナンシャル・タイムズは動静が2週間以上途絶えている中国の李尚福《りしょうふく》国防相について、中国当局の調査対象となり、国防相としての任務を解かれたと米国政府が判断していると伝えた。複数の米国政府当局者の話としている。

同国防相は8月29日に北京で開かれた中国アフリカ平和安全フォーラムに出席したのを最後に、9月15日現在に至るまで公式の場に姿を見せなかった。

9月初旬、海外にいる外交部出身の中国人がツイッターで「李尚福が調査を受けている」との内部情報を発信した。それにインドの一部メディアが追随した。

9月8日になると、前述の米国のラーム・エマニュエル駐日大使がツイッターで、先の秦剛外相解任に言及したうえで今回の李尚福国防相の失踪について「習近平国家主席閣僚体制は、いまやアガサ・クリスティの小説『そして誰もいなくなった』のようだ」と皮肉を込めて投稿してきた。

実は、このエマニュエル大使の投稿に海外の中国語SNSが触発され、「李尚福、当局による確保説」は一気に拡大、さまざまな角度からその真偽が議論されることとなった。

9月11日、中国外務省の定例記者会見で毛寧報道官は、外国人記者から「李尚福失踪の真相は当局に確保されているということなのか」と聞かれた。彼女は「あなたが話していることの状況が理解できない」と返し、否定も肯定もしなかった。そのため疑惑はさらに深まっていった。

9月15日、英ロイター通信はこう報じた。

「李尚福国防相が先週行う予定だったベトナム高官らとの会合を、中国側が数日前にキャンセルしてきた。その理由として健康状態を挙げていた」

ベトナム筋によると、李尚福国防相は本来9月7日、8日にベトナム政府が中国との国境で主催する防衛協力に関する年次会合に出席する予定だった。けれども中国側から彼の出席がかなわなくなったとの連絡があり、会合は延期された。

以上が9月15日までに出回った李尚福国防相・失踪関連情報である。これらの情報と別の国内情報を合わせて勘案すると、李尚福国防相が腐敗問題で職務停止の上で取り調べを受けている可能性は非常に高いと思う。

そう判断した理由のひとつは、李尚福国防相をめぐる現在の状況は、前外相の秦剛が解任された状況と酷似していることにある。
① 秦剛が本年6月26日から姿を消して、全人代会議で正式に解任されたのは7月25日。失踪から丸1ヵ月で解任されることになったが、その1ヵ月間は取り調べを受ける期間だったと思われる。
9月中旬現在まで2週間以上にわたる李尚福もそれと同様、解任される前の取り調べ期間である可能性がある。
② 秦剛が正式に解任される2週前の7月11日、中国外務省は13日から開催予定の南アジア諸国連合（ASEAN）地域フォーラムには秦剛外相が健康上の理由から出席できないとした。王毅政治局員が代替出席するとの発表があった。
つまり今回、健康上の理由で李尚福国防相とベトナム高官との会合をキャンセルしたの

と同様の手口を使った。

③　秦剛外相失踪中の7月17日の外務省定例記者会見において、「秦剛外相はいつ復帰できるのか？」との質問に対し、毛寧報道官は「提供できる情報はない」と答えた。さらに「秦剛外相は香港フェニックステレビの女性記者と不倫し、取り調べを受けているのではないか？」との問いかけに、同報道官は「状況は把握していない」と返したのは前述のとおりである。

9月11日の外務省定例記者会見で同じく毛寧報道官は「李尚福国防相の失踪」について否定も肯定もせずに、「状況が理解できない」とほぼそっくりの言葉を返した。

解放軍の現役トップを狙い撃ちにした腐敗摘発

李尚福国防相の取り調べ説の可能性をより濃厚にしたのは、次の中国情報であった。本年7月26日、共産党中央軍事委員会装備発展部は「全軍装備調達入札における法律違反・規律違反に関する手掛かりを募集するための公告」を公表した。

具体的に述べると、これは２０１７年10月以降に発生した、解放軍装備調達の入札における汚職・腐敗への告発を呼びかけたのである。

ここでのミソは「2017年10月以降に発生した」という時期だ。それ以前のことは無視されているわけである。

問題の李尚福は2017年9月から中央軍事委員会装備発展部長に就任している。それから約5年間、彼は同職を務めた。前述の腐敗告発への手掛かり募集は、まさに李尚福その人を標的にしたものであったと思われる。

以上のようないくつかの状況証拠から、筆者自身は「李尚福国防相の取り調べ説」の信憑性はきわめて高いものと判断している次第だ。

それが事実で、ロケット軍トップの突然の更迭劇、続いて国防相までが失脚となれば、中国軍全体に与える衝撃は凄まじいものとなるはずである。

以前の習近平の解放軍に対する腐敗摘発のパターンは、すでに現役を退いた軍の元幹部を狙い撃ちにするというものであった。ところが今回は現役の国防相、ロケット軍トップが摘発対象となっている。しかも習近平自身が抜擢した側近である。

今後は習近平と人民解放軍との緊張関係、対立が先鋭化する可能性が濃厚となろう。

さまざまな失策で中国経済を潰したのと同様、習近平は自らの手で中国軍を潰しかねない。軍を機能不全、機能喪失に陥れることとなれば、世界平和にとっては幸いであろう。

※現段階（23年9月末）において中国政府と軍のウェブサイトにアクセスすると、李尚福は依然として国防相、国務委員、中央軍事委員会のメンバーとして記載されている。

COLUMN

何もかも毛沢東に倣《なら》うバカ殿

歴史は繰り返す！　文化大革命の前兆か？

本年9月20日、浙江省視察中の習近平国家主席は諸暨《しょき》市楓橋鎮《ふうきょうちん》にある「楓橋経験記念館」を訪れた。そこで随行員、地元幹部らを集めて重要講話を行い、新時代における楓橋経験の堅持と発展を訴えた。

それを受け、中国の官製メディアは一斉かつ大々的に「楓橋経験の堅持・発展キャンペーン」を打ち出した。軌を一にして、浙江省全人代常務委員会は「新時代における楓橋経験の堅持と発展に関する決定」を採択しており、これは明らかに習近平主導の新たな政治運動が始まったことを意味する。

ところで、ここまで読み進んできたほとんどの読者諸氏は「楓橋経験」とはなんぞやと思われたはずである。これは1960年代初頭、諸暨市楓橋鎮で誕生した治安管理の新方式を指す言葉だと理解していただきたい。

それまで中国国内の治安管理に関しては公安局、派出所などの公安警察が行っていた。ところが当時の楓橋鎮では、一般住民が〝革命群衆〟として動員され、公安と連携して管内の階級の敵や反動分子などを監視、管理して、治安の維持にあたるという方式を取っていた。

1963年になると、この楓橋経験方式が「成功した経験則」として浙江省公安により中央に報告された。同年11月、それを高く評価した毛沢東は「各地に広げろ!」と命じたという塩梅であった。

以来、この適用は全国的に広がった。国民のほぼ全員が動員され、政権が敵視する人たちの監視と抑圧にあたった。当時の中国の総人口は6億人だったことから、「6億総警察」と呼ばれる恐怖社会が形成されることとなった。

そして歴史をたどってみれば、毛沢東がもたらした楓橋経験方式の全国的推奨と津々浦々までの拡大と浸透は、その2年半後に発動された「文化大革命」と呼ばれた大粛清運動の〝準備〟の一環であったことは明々白々であった。

周知のとおり文化大革命は1966年から10年間にわたり続けられ、全国で約1億人が政治的迫害を受け、数千万人が殺されたり、自殺に追い込まれた。だが、実際に政治的迫害を加えたり、命を奪ったのは、公安警察や粛清専門機関のみではなかった。

実行者の多くは普通の若者からなる紅衛兵、普通の群衆からなる造反派であり、あるいは一般労働者、農民、市民たちであった。

要は学生、市民、労働者たちからなる数億人単位のいわば一般群衆が総動員されたからこそ、1億人単位の階級の敵である知識人や毛沢東の政敵に対する迫害、粛清が10年間も続いたのである。こうした現実が文化大革命の背後に横たわっていた。

一般群衆を総動員した前代未聞の大粛清運動を展開するオリジナル・モデルこそが楓橋経験であった。毛沢東は1963年11月にこのオリジナル・モデルの全国的実践を提唱してから2年半、全国の一般群衆を錬磨する準備期間を経て、66年5月に満を持して文化大革命を発動、中国を地獄へと誘った。

歴史は繰り返す。そうであるならば、習近平国家主席がこれから何をやろうとしているのかが透けて見えてくる。

習近平は2002年11月、49歳で浙江省の党委員会書記に就任。以降、浙江省軍区党委員会第一書記、南京軍区国防動員委員会副主任、浙江省国防動員委員会主任を兼任した。この浙江省での地方勤務時代から、彼は楓橋経験に関心を抱き、同時に高く評価していた。

そこで2003年11月、彼は「楓橋経験に関する毛主席重要指示40周年記念大会」を浙江省で開催、「楓橋経験を大事にし、発展させよう」とする演説を行った。

その10年後の2013年11月に自分の政権の下で「毛主席重要指示50周年記念大会」を浙江省で開いた。当時の中央政法委員会書記、公安部長が北京から出向き、「楓橋経験の堅持と発展」をテーマにした大会はおおいに盛り上がった。

その5年後の2018年11月、習政権2期目の下、楓橋鎮に「楓橋経験陳列館」を開設、楓橋経験推奨の拠点を築いた。こうした一連の積み上げがあったことを知る日本人はそう多くはないであろう。

そこで本項冒頭に戻るわけである。いかに習近平が今回のキャンペーンに力を入れているかがひしひしと伝わってくる。彼は本気なのである。

習近平は１９６３年の毛沢東同様、文化大革命的な大粛清運動の発動の準備に取り掛かっているのではないか。中国の歴史から見て、当然わき上がってくる疑念といえよう。

実は文化大革命発動の直前の１９６５年12月、人民解放軍総参謀長だった羅瑞卿《らずいけい》は突然、毛沢東により粛清された。毛沢東は文革発動の準備として林彪《りんぴょう》元帥を取り込もうと、そのライバルだった羅瑞卿を消した。いま考えてみれば、羅瑞卿の粛清は、毛沢東による文革発動の前兆でもあった。

それではいまの習近平の動きはどうなのか？　やはり先達の例に倣い、軍の粛清を着々と進めているわけである。内外に降りかかる危機を打開し、自らの独裁体制維持のため、文化大革命流の大粛清運動を発令、そして展開していく腹なのであろう。

最終章
空中分解しかねない習近平の台湾併合

失脚が確定した現役国防相

先に筆者は、習近平国家主席が断行したロケット軍トップ（司令官・政治委員）のダブル更迭により、解放軍のロケット軍部隊が大混乱と機能不全に陥っている。そして、その後任にそれぞれロケット軍に関しては素人同然の門外漢を据えたと記した。

さらにその後、現役の李尚福国防相が職務停止の上、当局の取り調べを受けている可能性が濃厚であると報告した。現時点（9月末）において、中国政府から何の発表もないことから、李尚福国防相の失脚は確定したと申し上げていいだろう。

ここからは習近平国家主席による軍粛清の全容と背景に迫り、今後の解放軍の行方を展望してみたい。

まず習主席によるロケット軍トップの粛清が、より激化していることが分かった。というのは、かつてのロケット軍司令官で、前国防相の魏鳳和にも当局の捜査が及んでいる模様であるからだ。

先に触れたとおり魏鳳和は第二砲兵部隊の出身で司令官を務めた。同部隊がロケット軍に昇格後は同軍の司令官を引き続き任され、その任期は5年近く、2017年9月に退任した。後任は周亜寧であった。さらに魏鳳和は2018年3月から2023年8月まで約5年間、国防相を務めた。要は、いま行方をくらましている李尚福国防相の前任だ。

魏鳳和は初代ロケット軍司令官、そして国防相という防衛畑の要職を歴任したわけで、習近平が信頼する軍人の一人であったことは間違いない。

ところが魏鳳和は本年3月の全人代において国防相職を退任した後、現在に至るまで、公の場に一切現れていない。引退した身であるとはいえ、まったくの消息不明はやはり不自然であろう。

本年8月31日、中国国防省が開いた記者会見において外国人の記者から、7月末に更迭されたロケット軍トップと魏鳳和前国防相の消息について質問が飛んだ。

国防省の呉謙報道官は答えを散々はぐらかした一方、次の言葉を発した。

「わが軍の反腐敗闘争はいつまでも進行する。腐敗を生む土壌と条件が存在する限り、我々の反腐敗闘争は止まらない」

しかしながら考えてみれば、呉報道官の言葉は実に奇妙なものであった。外国人記者が中国軍の反腐敗闘争について質問したわけでもないのに、彼は自らその話を持ち出した。ロケット軍トップと魏鳳和前国防相が腐敗摘発の〝対象〟となっていることを当該報道官が強く示唆したことに、筆者は違和感を覚えざるを得なかった。

もう一度整理し直すと、こういうことになろう。

本年7月下旬に更迭されたロケット軍トップ二名のみならず、ロケット軍の前身であった第二砲兵部隊の司令官を務めた前国防相の魏鳳和も、腐敗に関わったことで粛清の対象となったことが判明した。さらに本年9月になると、魏鳳和の後任国防相である現役の李尚福も取り調べを受けているのが確実となった。

習主席の側近までもが腐敗摘発の対象に

先にも記したように李尚福は国防相就任以前に、中央軍事委員会装備発展部の部長を5年間も務めていた。考えてみれば、解放軍の装備調達を一手に担う装備発展部長職とは、まさに巨大な利権と腐敗を生むポストにほかならない。

このポストを活用すれば、賄賂は取りたい放題だったのであろう。例えば軍事メーカーに便宜を図ってやり、解放軍に戦車を100台納入させたらどれだけのキックバックを得られるのか。ましてや戦闘機や軍艦を納入する際には、とんでもない額が動いたのではないか。

繰り返しになるが確認のために申し上げると、本年7月26日、中央軍事委員会装備発展部は「全軍装備調達入札における法律違反・規律違反に関する手掛かりを募集するための公告」を公布した。2017年10月以降において発生した、解放軍装備調達の入札における汚職・腐敗への告発を呼び掛けたのだ。

この文言により本公告のターゲットが、2017年9月に中央軍事委員会装備発展部長に着任した李尚福だったことが読み取れる。

現役の国防相に対する腐敗追及を命じたのは習近平以外にはあり得ないのだが、ここで問題視されるのは、どうしてこの時期になっての追及なのかということであろう。

李尚福は装備発展部長を務めていた2018年9月、米国による対露制裁に違反してロシアから戦闘機などを調達したことで、米国政府から〝制裁〟の対象となった。彼に対する制裁は現在も解除されていない。

ここで問題が生じた。李尚福が国防相になった際、彼が米国の制裁対象のままでいると、そのことが米中間の軍の交流の大きな障害となるからである。

しかし習近平国家主席はそれを百も承知の上で、本年3月の全人代で彼を国防相に任命した。どういうことなのか？ 習主席は李尚福という軍人をことのほか信頼しており、軍における側近の一人として重用してきたからだと思われる。

先の項でも指摘したのだが、習近平は従来の腐敗摘発については、自身の〝政敵潰し〟の手段として使ってきた。だが決して自分の息のかかった者は絶対に摘発しなかった。ましてや重用する幹部であれば、多少の腐敗が〝発覚〟しても目をつむってきたのだ。

ならば今回は一体どうして、本年3月に国防相に任命したばかりの側近李尚福を、腐敗摘発のターゲットにしたのだろうか？　どうにも腑《ふ》に落ちない。

大失態となったロケット軍のミサイル発射演習

ここからは筆者なりに、その謎解きに挑んでみたい。

想起すべきは1年前の2022年8月、当時のペロシ米国下院議長の台湾訪問に対抗して、中国軍が実行した台湾周辺における大規模軍事演習であろう。22年8月4日から7日まで実行されたこの軍事演習中、世界の注目を浴びたのは中国ロケット軍によるミサイルの実弾射撃だった。

2022年8月4日。演習開始直後、中国軍は北京時間の13時56分より福建省ほかの基地から台湾周辺海域に向かい、いきなり計11発（日本防衛省発表では9発）のミサイルを発射した。ところが、当日の北京時間15時19分、発射開始から1時間23分後、解放軍はミサイル発射を発表するのと同時に、「訓練任務は完遂できた」とし、発射演習の終了を宣言した。さらに同演習のために設けた立ち入り禁止海域の解除も発表した。

この一連の解放軍のアクションは、きわめて不可解なものと言わざるを得ない。なぜなら本来であれば、当該演習の目玉はミサイル発射演習だから、演習の掉尾《とうび》を飾るべきものである。にもかかわらず演習開始直後にミサイル発射という非常識なプログラムを組んだ。これをどう解明するのかが、今回の謎解きのキーになるのではないか。

筆者は海外の中国語のSNSを隈《くま》なくあたってみた。すると演習直後から有力な説が流されていたことが分かった。

それは発射された中国ロケット軍のミサイルが所定の軌道から大きく外れ、日本のEEZ内に着弾したというものであった。それが判明したため、解放軍はあわててミサイル発射を中断したというのだ。その後、発射された11発のミサイルのうち、約半分の5発が日本のEEZ内に着弾したことが西側防衛関係者の間で共有されている。これで中国ロケット軍のミサイルの精度のお粗末ぶりが満天下に知れ渡ってしまったわけであった。

中国のSNSからは、これは台湾支持を表明する日本に対しての恫喝だとする意見も出たけれど、恫喝のために5発もミサイルを撃ち込むのはあまりにも不自然である。それにその直後に演習を早期に切り上げたこととの整合性（日本を脅したので演習を終了した）の説明がつかない。

とにかく当該軍事演習において、中国ロケット軍が持つミサイルの深刻な品質問題が浮上してきたのは明らかであり、中国政府は切迫した課題をつき付けられた。それとともに大恥をかかされた。

この大失態はロケット軍の責任問題であると同時に、その品質に欠陥があるならば、中国軍全体の装備調達を担当する中央軍事委員会装備発展部の責任問題となるはずである。

それでは昨年8月4日に世界から笑いものにされたミサイルは、いつ調達されたものなのか？　どう考えても、その後国防相になった李尚福が中央軍事委員会装備発展部の部長職時代のことと〝断定〟されよう。

これはまた本書で幾度か取り上げてきた本年7月下旬に行われたロケット軍トップ二名の更迭の一因でもあった。そして米国にロケット軍の内部情報が大量に漏洩された問題が発覚したことにも連鎖した可能性が高い。

狙われるさらなる大物

結果的に李尚福の腐敗は、中国軍の虎の子とされるミサイルの品質問題を招いてしまった。この体《てい》たらくぶりを、習近平はバカ殿なりにも強烈な危機感を抱かざるを得なかったのであろう。

ミサイルが使い物にならなかったら、習近平が最重要命題として掲げる「台湾併合戦争」の発動に支障を来たすようなことになりかねないからである。

したがって、いくら重用してきた側近であれ、バカ殿は彼らを切り捨てるほかなかったわけである。さもなくば台湾併合など永遠にできない。

だが事態はより異様さを増しつつある。今回の李尚福国防相の腐敗追及が次なるサインとして点滅し始めたからだ。それは李尚福よりも、さらに上にいる大物の解放軍将軍の粛清である。次なる標的は中国共産党政治局員であり、中央軍事委員会副主席の要職にある張又俠《ちょうゆうきょう》とされる。

この中央軍事委員会の主席はむろん習近平で、軍人二人が副主席の任に就いており、張又俠は筆頭副主席である。もう一人の副主席は何衛東《かえいとう》。

張又俠は李尚福の前任として例の中央軍事委員会装備発展部長を2017年までに5年間務めた。そして2018年に李尚福にバトンタッチした。

在任5年間で何もなかったとは到底思えない。この部署のトップで腐敗しないほうがおかしいからである。就任当初はクリーンだったかもしれないが、腐敗したくなくとも次から次へと誘惑にさらされ続け、やがて絡めとられるのがこの役職の性であり、決して抗し切れるものではない。

仮に李尚福の取り調べからイモヅル式に張又俠の名前が出てきて、近い将来にはビッグニュースがもたらされることはありうる話ではある。

苦渋の選択を迫られるバカ殿

本年9月15日、中央軍事委員会が「習近平思想学習」のための重要会議を開催した。同委員会からの大物参加者は何衛東副主席と二名の軍事委員会委員であった。

先に筆者が粛清間近かもと記した筆頭副主席の張又俠は欠席した。当時取り調べ中の李尚福国防相も同委員会の委員なのだが、彼も当然ながら出られるわけがなかった。

ここで張又俠、李尚福の両名が揃って欠席したことが、大いに注目を浴びることとなった。海外の中国語SNSは「すわっ、張又俠まで捕まってしまうのか！」と大騒ぎしていた。

張又俠は9月10日以降、やはり公の場に姿を現していないことから、「Xデー」は近づいているのかもしれない。

以上のように中国では本年7月末のロケット軍トップの突然の更迭から始まり、前国防相の魏鳳和、現国防相の李尚福に対する腐敗摘発が立て続けに起きている。

こうした事態の発生は中国軍全体に与える衝撃はいかほどのものであろうか。何かしらの腐敗に関与した中国軍幹部の多くが、次は自分の番かもしれないとうろたえているとしても、何ら不思議ではない状況にあるのではないか。

人民解放軍と習近平指導部、あるいは軍と習近平との相互不信や対立が生じ、それが今後急激に拡大していくことは十分にありうる。

果たして腐敗摘発が現役の軍事委員会筆頭副主席の張又俠に及ぶのか。それについて、筆者は何とも言えない。

これをやってしまうと、中国軍上層部全体が未曾有の大混乱を起こす可能性大であるからだ。バカ殿の悲願である台湾併合が空中分解しかねない。

なんともはやバカ殿は苦渋の選択を迫られているのである。

［著者略歴］

石平（せき・へい）

1962年中国四川省成都市生まれ。1980年北京大学哲学部入学。1983年頃毛沢東暴政の再来を防ぐためと、中国民主化運動に情熱を傾ける。同大学卒業後、四川大学哲学部講師を経て、1988年留学のために来日。1989年天安門事件をきっかけに中国と「精神的決別」。1995年神戸大学大学院文化学研究科博士課程修了。民間研究機関に勤務。2002年『なぜ中国人は日本人を憎むのか』を刊行して中国における反日感情の高まりについて先見的な警告を発して以来、日中問題・中国問題を中心に評論活動に入り、執筆、講演・テレビ出演などの言論活動を展開。2007年末日本国籍に帰化。14年『なぜ中国から離れると日本はうまくいくのか』(PHP)で第23回山本七平賞を受賞。著書に『中国経済崩壊宣言!』『習近平帝国のおわりのはじまり』『習近平・独裁者の決断』『そして中国は戦争と動乱の時代に突入する』『経済原理を無視する中国の大誤算』『バブル崩壊前夜を迎えた中国の奈落』『私たちは中国が一番幸せな国だと思っていた』（ビジネス社）、『「天安門」三十年　中国はどうなる?』(扶桑社)、『なぜ論語は「善」なのに、儒教は「悪」なのか』(PHP)など多数ある。

やっぱり中国経済大崩壊！

2023年11月10日　第1刷発行

著　者　石 平

発行者　唐津 隆

発行所　株式会社ビジネス社

〒162-0805　東京都新宿区矢来町114番地 神楽坂高橋ビル5階

電話　03(5227)1602　FAX　03(5227)1603

https://www.business-sha.co.jp

〈装幀〉大谷昌稔

〈本文組版〉茂呂田剛(エムアンドケイ)

〈印刷・製本〉大日本印刷株式会社

〈営業担当〉山口健志

〈編集担当〉本田朋子

ISBN978-4-8284-2571-9

ビジネス社の本

習近平帝国のおわりのはじまり

孫文の亡霊と中華民族という
ウソに騙されるな！

石平……著

定価１４３０円（税込）
ISBN978-4-8284-2526-9

バカ殿の３期目は支離滅裂！

中国歴代王朝の末期的症状とそっくり！
そして中国経済には暗い見通ししかない！
中国情勢の激変はまさに「おわりのはじまり」！

本書の内容

第１章●一強体制が固まった共産党大会
第２章●「白紙革命」の強烈なインパクト
第３章●危うい習政権の新指導部
第４章●暗さしかない中国経済の前途
第５章●中国国民を襲う社会問題
第６章●蹉跌に陥る皇帝外交
第７章●台湾有事はいつ起きてもおかしくない